인테리어,
호구 안 당하는
체크리스트

1,000세대가 검증한 기준 공식

인테리어, 호구 안 당하는 체크리스트

이상범 지음

굿인포메이션

인테리어 순서도

1 업체 찾기
- 실제 시공 사례(포트폴리오) 및 연혁 검토
- 사무실/쇼룸 유무 확인
- 하자보수 및 사후관리 체계 확인
- 견적서 상세항목 표시 여부

2 초도상담
- 공사 범위 및 예산 제시
- 가족 라이프스타일 및 니즈 분석
- 확장 등 우선순위 설정

3 가견적
- 항목별 내역 받기
- 창호(샤시)/확장/가구 등 핵심 공사 포함 여부 확인
- 자재 제품명/모델명 확인

4 실측
- 업체와 현장 동행 구조/배관 등 파악
- 벽 철거 가능 여부 단위세대평면도 확인
- 정확한 실측

5 실견적
- 실측 변수가 반영된 최종 공사비 확정
- 핵심 공사 누락 없는지 재확인
- 저가·고가 견적 경계

6 계약
- 공사 시작일/완료일 명시
- A/S 보증 기간/범위 기재
- 상세 견적서 계약서에 첨부
- 대금 지급은 공정률에 따라 분할 명시

7 디자인 미팅

- 최적의 동선 설계
- 수납 설계
  (가구 위치, 팬트리 등)
- 스케치업을 활용하여
  3D 작업

8 자재 미팅

- 쇼룸 방문 질감/색상 결정
- 타일, 벽지, 바닥재 등
  내구성과 예산 고려 선택
- 재고 확인

9 가구 미팅

- 빌트인 가전 및
  맞춤 수납 계획 확정
- 가구 도어/하드웨어 등
  디테일 선택

10 공사 시작

- 구청·관리실 승인 및 이웃 공지
- ① 철거 ② 설비와 전기 ③ 창호
  ④ 목공 ⑤ 타일, 필름, 도장, 도배
  ⑥ 바닥재, 도어
  ⑦ 조명, 가구 설치 순

11 공사 완료

- 입주 청소
- 실링(실리콘) 마감
- 체크리스트 확인

12 사후 관리

- A/S 신속히 처리 요청
- 잔금 지급

인테리어,
설렘이 공포가 되지 않도록

"사장님, 저 인테리어 하다가 10년은 늙은 것 같아요."

상담 테이블에 앉은 고객님들이 한숨처럼 내뱉는 첫마디입니다. 내 집을 예쁘게 고친다는 건 분명 설레는 일인데, 왜 대한민국에서 인테리어는 '공포' 와 '불신'의 대명사가 되었을까요?

이유는 간단합니다. 아는 만큼 보이는데, 대부분의 고객님은 준비되지 않은 상태로 정글 같은 현장에 던져지기 때문입니다. 인스타그램 속 화려한 디자인 은 보이지만 그 뒤에 숨겨진 곰팡이 핀 단열재와 꽉 막힌 배관은 보이지 않으 니까요.

제가 현장에서 배운 진리는 하나입니다.

"기본이 무너지면, 디자인은 껍데기에 불과하다."

고급스러운 타일 뒤에 숨은 방수층이 깨지면 아랫집 천장으로 물이 샙니다. 값비싼 시스템 에어컨을 달아도 단열이 엉망이면 결로가 생깁니다. 겉만 번지르르하고 속은 썩어가는 집들을 볼 때마다 기술자로서 그리고 한 회사의 대표로서 늘 안타까움을 느꼈습니다.

또, 어떤 집은 문을 여는 순간 평수보다 넓어 보이고 호텔처럼 정돈된 느낌을 줍니다. 반면, 비싼 자재를 썼는데도 어수선하고 좁아 보이는 집이 있습니다. 그 차이는 '돈'이 아니라 '기술'과 '디테일'에서 옵니다.

그래서 이 책을 썼습니다. 큰돈을 쓰는 일인데, 더 이상 땜질식 공사의 어설픈 디테일에 눈물 흘리지 마시라고요. 어려운 용어로 겁주는 업자들 앞에서 기죽지 않게, 딱 필요한 만큼의 지식과 무기를 고객님께 쥐어 드리고 싶었습니다.

이 책은 단순히 예쁜 집을 꾸미는 잡지가 아닙니다. 업체 선정부터 계약, 자재 선택, 그리고 살면서 절대 후회하지 않을 '기능적 디테일'까지 꼼꼼하게 챙겨주는 '종이로 만든 현장 소장'입니다.

인테리어, 이제 두려워하지 마세요. 저 범대표가 복잡한 미로 속에서 가장 안전하고 똑똑한 길로 안내해 드리겠습니다.

"자, 이제 저와 함께 '진짜 집'을 지으러 가보실까요?"

2026년 3월
이상범

인테리어 순서도 • 4

프롤로그_ 인테리어, 설렘이 공포가 되지 않도록 • 6

차례

1부   **인테리어, 무엇부터 시작해야 할까?**

1장_ 초보자가 가장 많이 묻는 질문 TOP 8 • 12

1. 올수리 예산은 얼마인가요? | 2. 창호를 꼭 교체해야 하나요? | 3. 바닥 난방 · 수도관도 교체해야 하나요? | 4. 공사 기간은 얼마나 걸리나요? | 5. 벽 철거 가능한가요? | 6. 관리자가 공사 기간 내내 상주하나요? | 7. 처음 계약보다 비용이 커지는 이유는 무엇인가요? | 8. 내 예산으로 어디까지 가능할까요?
Q&A(50문 50답)

2장_ 인테리어 전 준비할 것들 • 28

1. 니즈와 가족 라이프스타일 분석 | 2. 예산 정하기 | 3. 우선순위 정하기 | 4. 평형대별 킬러 전략

3장_ 10년 후에도 후회하지 않을 선택 • 40

1. 물 안 새고, 안 춥고, 단단한 집 | 2. 유행 타지 않는 디자인과 실용성 | 3. 좋은 업체 선택하기
[범선생의 현장수업] 보이지 않는 곳이 수명을 결정합니다

2부   **인테리어 순서 A ~ Z**

1장_ 상담 · 견적 · 계약 • 54

1. 상담 | 2. 견적 | 3. 실측 | 4. 계약 | 5. 디자인, 자재, 가구 미팅

2장_ 공사 단계별 진행 • 100

1. 철거 | 2. 설비와 전기 | 3. 창호 | 4. 목공 | 5. 타일, 필름, 도장, 도배 | 6. 바닥재, 도어 | 7. 조명, 가구 | 8. 입주 청소, 하자 보수, 실링 작업
[범선생의 현장수업] 하자 발견 시 단계별 실전 대응 매뉴얼

3부  공간의 혁명

1장_ 설비의 법칙 • 140
1. 죽은 주방 살리는 ABC 법칙(인쇼 스타일) | 2. 화장실 자리에 주방 넣기 | 3. 다용도실에 주방 만들기 | 4. 세탁실을 베란다로 | 5. 1개의 욕실을 2개로 | 6. 현관 벽을 허물어 팬트리로

2장_ 선의 법칙 • 154
1. 몰딩 없애기 | 2. 슬림 문선 또는 무문선 | 3. 서라운딩 없애기 | 4. TV 매립하기 | 5. 터닝 도어 가리기

3장_ 빛의 법칙 • 164
1. 빛은 쏘는 것이 아니라 스며드는 것 | 2. 색의 온도, 4000K와 3000K의 조화 | 3. 스위치의 마법, 회로 분리

4부  사례로 보는 현장

사례 1_ 2Bay 구축 아파트의 환골탈태
사례 2_ 40평을 70평처럼! 1인 가구 '쇼룸' 하우스
사례 3_ 노후빌라의 대반전! 포기하지 않은 청년의 꿈
사례 4_ 4인 4색 가족이 만족하는 구조변경의 마술
사례 5_ 안전에 감성을 더한 효도 리모델링

에필로그_ 6평 사무실에서 135억 매출까지, '안 되는 것'을 '되게 하는' 힘 • 214
부록_ 인테리어 실전 용어 • 218 | 인테리어, 호구 안 당하는 단계별 체크리스트 • 220

1부

인테리어,
무엇부터 시작해야 할까?

1장_ 초보자가 가장 많이 묻는 질문 TOP 8

2장_ 인테리어 전 준비할 것들

3장_ 10년 후에도 후회하지 않을 선택

1장

초보자가
가장 많이 묻는 질문
TOP 8

평생에 한두 번, 집 전체를 리모델링하는 대대적인 공사를 하게 될 때가 있습니다. 어떻게 하면 좋을까? 어디서부터 시작하지? 모두의 고민은 비슷합니다. 그중 가장 자주 듣는 질문 8가지를 선정해 보았습니다.

1. 올수리 예산은 얼마인가요?

"올수리 하려면 비용이 얼마나 들어요?"

가장 많이 듣는 질문입니다. 교체 범위, 집의 상태 등에 따라 각양각색 천차만별입니다. 현관, 마루, 벽, 조명, 주방, 화장실 등 눈에 보이는 모든 부분을 교체하는 '올수리' 기준 범테리어 평균 예산은 다음과 같습니다.

20평대(10평대 후반~20평대 초반): 5천만 원대

특히 신혼부부라면 5,000만 원 이하로 맞추는 것을 권장합니다.

30평대: 7천만 원~1억 원까지

디테일과 디자인이 추가되어도 보통 1억 2천만 원을 넘기기 어렵습니다.

40평대: 9천만 원~1억 4천만 원까지

이 금액은 철거부터 입주 청소까지가 모두 포함된 금액입니다. 다만, 확장 공사 정도, 창호 교체 여부, 시스템 에어컨 설치, 고급 마감재(세라믹, 도장) 사용 여부에 따라 예산은 조금씩 달라질 수 있습니다.

2. 창호를 꼭 교체해야 하나요?

창호 교체는 인테리어 품목 중 가장 비용이 많이 들기 때문에 고객들이 제일 많이 고민하는 부분입니다. 교체 주기는 15년 이상으로 보지만, 20년 미만의 PVC 창은 신제품과 단열에 큰 차이가 없으므로 굳이 바꾸지 않아도 됩니

일반적인 아파트 평면도

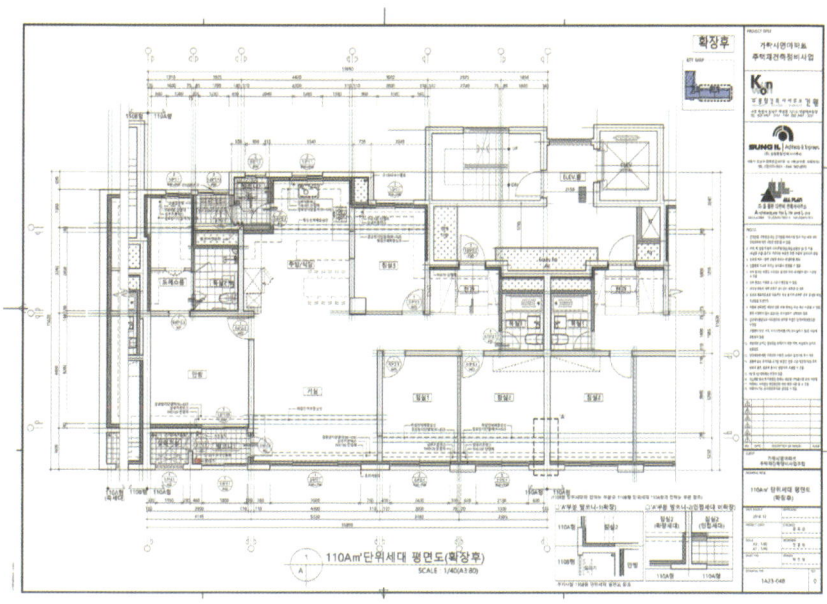

벽 철거 가능 여부를 알 수 있는 단위세대평면도

다. 하지만 알루미늄 창이거나 뼈대가 약한 PVC 창은 반드시 교체해야 합니다. 만약 예산이 제한적이라면 외부 창(바람이 맞닿는 발코니 창이나 확장 부위 창)만이라도 먼저 바꾸는 것을 추천합니다. 장기적으로 보면 창호 교체는 난방비와 전기세 절감에 도움이 됩니다.

3. 바닥 난방·수도관도 교체해야 하나요?

바닥 난방과 수도관은 아파트 연식과 배관 소재에 따라 달라집니다. 25~30년 이상 된 구축 아파트의 경우, 동관이나 PPC 배관(구형 플라스틱 배관)은 누수 위험이 크므로 교체하는 것을 강력 추천합니다. 다만, 엑셀관은 바꿀 필요가 없습니다. 바닥 난방을 다시 깔 때는 바닥 전체를 들어내고 새로 치는 방식(방통)과 기존 바닥에 홈을 파서 엑셀을 넣는 방식(홈파기)이 있으며, 방통에 비해 저렴하고 소음도 적은 홈파기 방식도 난방 효율에 지장이 없습니다.

4. 공사 기간은 얼마나 걸리나요?

공사 범위와 디테일 수준에 따라 다릅니다. 30평대 올수리 기준으로 보통 4주에서 최대 2개월 정도 소요됩니다. 일반적인 공사(1억 원 미만)는 약 5주, 고급 디테일 공사(1억 원 이상)는 약 7주가 소요되며, 욕실 · 바닥 등 부분 수리는 최소 1주일에서 최대 3주 정도 소요됩니다.

5. 벽 철거 가능한가요?

고객의 라이프스타일에 맞춰 집의 가치를 올리는 가장 효과적인 방법은 레이아웃 변경입니다. 레이아웃 변경(구조 변경)은, 벽 철거 여부에 따라 집이 드라마틱하게 변할 수 있기 때문에 리모델링의 꽃이라 부릅니다. 레이아웃 변경을 위해서는 벽 철거를 해야 합니다. 벽 철거 가능 여부는 단위세대평면도를 통해 확인할 수 있습니다. 아파트 관리소에 문의하면 단위세대평면도를 확인할 수 있고, 철거가 되는 벽과 안 되는 벽이 색깔이나 두께로 구분되어 있습니다. 철거가 가능하다면, 방을 줄이거나 없애서 팬트리 공간이나 서재를 만들수도 있고 주방의 구조를 완전히 바꿀 수도 있습니다.

6. 관리자가 공사 기간 내내 상주하나요?

공사 현장에 소장이나 디자이너가 하루 종일 상주하지는 않습니다. 실제로 타일, 도배, 목공 작업을 진행하는 것은 각 분야의 기술자들이며, 소장이나 디자이너는 작업 지시, 현장 감리, 디테일 작업 등을 해당 기술자들과 논의하고 고객과 소통하여 결정하는 일을 합니다. 이는 현장 관리자가 여러 현장을 동시에 관리해야 하는 현실적인 이유도 있습니다. 현장 관리는 업체의 규모와 시스템에 따라 다르고 퀄리티에 영향을 줍니다. 그러므로 공사 후기, 리뷰 등을 잘 살펴볼 필요가 있습니다.

7. 처음 계약보다 비용이 커지는 이유는 무엇인가요?

비용이 계약할 때보다 올라가는 이유는 주로 디테일 공사, 설비 공사 그리고 가구 때문입니다. 인테리어 공사를 준비하며 눈품, 발품을 팔다 보면 눈높이가 어쩔 수 없이 올라가게 됩니다. 이것저것 조금씩 업그레이드하는 순간 몇백만 원이 오르는 건 한순간입니다. 그렇기 때문에 처음 마음먹었던 원칙을 지키는 것이 중요합니다.

공사를 하다 보면 예기치 않게 구조 변경이 발생하거나, 벽 상태가 좋지 않거나, 마감을 위해 목공 작업이 필요하거나, 단열 보완이 필요한 경우 추가 비용이 발생할 수 있습니다. 이것은 처음의 견적과 상관없이 현장의 특수한 사정 때문에 발생하는 문제이므로 피할 수가 없습니다.

8. 내 예산으로 어디까지 가능할까요?

정말 궁금하죠. 금액대별 공사 범위를 정리했습니다. 공사 비용은 업체마다 다를 수 있으며, 기준은 30평대 아파트입니다.

1,000만 원대 - 겉모습만 깔끔하게

도배, 장판, 조명 교체, 필름 시공 등 가장 기본적인 항목들만 선택해 최소한으로 진행할 수 있습니다. 겉으로 보이는 부분을 깨끗하게 하는 것을 목표로 합니다.

구분	내용	비용
바닥재	2.2mm 두께의 보통 장판	250만 원
도배	실크 도배	350만 원
조명 및 전기	등과 스위치 교체 (회로 분리 같은 복잡한 작업은 불가, 기존 자리 그대로 교체)	150만 원
방문	문틀과 문짝 색이 이상할 경우 필름 작업	250만 원
총계		약 1,000만 원

2,000만 원대 - 주방과 욕실 추가

기본적인 항목을 최소로 진행하고 주방과 욕실 교체가 추가됩니다. 일반적인 30평대 아파트 기준으로 화장실은 두 칸이지만, 두 칸 모두 교체는 어렵고 보통 한 칸만 교체 가능합니다.

• 1,000만 원대 기본 + 욕실 한 칸 교체 약 500만 원 + 주방 교체 약 500만 원

3,000만 원대 - 20평대라면 올수리도 가능

욕실을 하나 더 교체할 수 있고 신발장, 붙박이장, 현관 중문, 창고장 등 가구를 추가할 수 있습니다.

•24평형(25평형)의 경우라면 3,500만 원대로 부분 샤시 교체 또는 필요한 부분만 리폼하여 알뜰한 올수리도 가능합니다.

4,000만 원대 - 자재 업그레이드로 만족도 업

이 금액부터 자재를 업그레이드하고 문 교체 등 디테일한 공사가 가능해집니다. 편의 기능을 추가하여 만족도를 높이는 단계입니다.

구분	내용
바닥재	두꺼운 장판 또는 강마루
조명 및 전기	다운라이트나 간접조명 설치, 전기회로 분리
방문	문틀과 문짝 교체

5,000만 원 미만으로 올수리를 원한다면, 자재의 스펙을 강마루(평당 12만 원대) 대신 장판(평당 4~5만 원)으로 낮추는 등 하향 조정하면 가능합니다.

5,000만 원대 - 단열을 위한 창호 교체 시작

창호(샤시) 공사를 시작할 수 있는 예산대입니다. 단열을 위해 외부 창호 교체를 합니다. 물론 현장에 따라 전체 창호를 다 못 바꿀 수도 있습니다. 또한 30평대에서 이 가격대로 창호 포함 가성비 올수리를 하고 싶다면 LX창호가 아닌 KCC나 영림, 사제 등으로 낮추면 10~20% 절약 가능합니다.

6,000만 원대 - 전체 창호 교체

내외부 창호 교체까지 포함한 공사를 모두 할 수 있는 최소 금액대입니다. 33평 아파트에서 주방 레이아웃 변경, 욕실 전체 교체, 바닥, 천장, 벽 등 가성비 올수리를 할 수 있습니다. 이때 창호 등 살릴 수 있는 부분은 필름으로 리폼하면 6,000만 원대 초반도 가능합니다.

• 5,000만 원대 기본 + 전체 창호 교체

7,000만 원대 - 구조 및 성능 개선

지금까지의 과정에 구조 변경, 즉 확장 공사와 에어컨 공사를 추가할 수 있습니다. 확장이나 냉난방은 근본적인 거주 환경을 개선할 수 있습니다. 모든 방에 에어컨을 설치하고 싶겠지만 이 가격대에서는 일부만 가능합니다.

8,000만 원대 - 완성도를 높이는 디테일

디테일과 고급 마감이 가능해지는 단계입니다.

구분	내용
도배	디아망, 필름(또는 고급 마감)
가구	가구 구성 다양화
디테일	무몰딩 도배 등 디테일 작업 추가

20년 넘은 30평대 아파트의 올수리 예산은 보통 6~8천만 원으로 잡습니다. 하지만 상담을 하다 보면 고객들의 요구가 점점 많아져 8천만 원 이하로

고객의 눈높이를 맞추기는 쉽지 않은 것이 현실입니다.

1억 원 이상 - 럭셔리 옵션 장착

구조를 완전히 바꾸거나 최고급 디테일을 적용할 수 있습니다.

구분	내용
올수리	디테일을 넣고 시스템 에어컨을 방마다 넣어 확장
가구	수납 극대화
디테일	고급 자재와 천장과 바닥을 뜯는 등 대규모 공사

아파트에 따라 다르지만, 40년이 넘는 구축은 아예 새로 짓는다고 생각하면 됩니다. 창호, 에어컨 포함 평균 1억 중반이 들며, 제대로 된 공사를 하려면 최소 1억 원부터 시작해야 합니다.

Q & A(50문 50답)

그 외 상담 시 가장 많이 듣는 질문을 모았습니다.

No	Question	Answer
1	오래된 아파트의 공간 활용을 위해 시도할 수 있는 파격적인 레이아웃 변경 사례는?	베란다나 사용하지 않는 욕실을 주방 공간으로 개조
2	좁고 답답한 'ㄱ'자 주방을 개선하기 위한 가장 인기 있는 방법은?	거실이나 다이닝 공간을 마주 보는 대면형 주방으로 구조 변경
3	30평대 아파트에서 대면형 주방을 만들기 위한 방법은?	방 하나를 포기 또는 주방 창문을 막아서 벽면 활용 또는 거실과 주방을 바꿈
4	구축 아파트 인테리어 비용이 1억을 넘는 주된 이유 중 하나인 눈에 보이지 않는 공사는?	창호, 단열, 난방 배관, 누수 등 기초 설비
5	매우 오래된 아파트를 리모델링할 때 필요한 공사는?	골조만 남기고 전부 철거 후 새로 짓기
6	잠실 엘스, 리센츠, 트리지움 아파트의 공통적인 인테리어 고민과 해결책은?	좁은 주방 구조. 대신 넓은 발코니를 활용해 실용적인 공간으로 바꿈
7	인테리어 공사에서 목공과 필름 작업 비용이 비싼 이유는?	집의 전체적인 마감 품질과 가치를 높이는 데 결정적인 역할을 하는 수작업 공정이기 때문
8	인테리어에서 하이엔드 마감을 구현하기 위해 비싼 필름 시공 대신 사용할 수 있는 대안은?	고급 도배지나 무몰딩 시공을 통해 깔끔하고 고급스러운 마감 연출
9	인테리어 시, 예산 상승의 주된 원인이 되는 추가 비용은 어떤 상황에서 발생하나?	추가 디자인, 자재 업그레이드, 구조변경, 단열 등
10	겨울철 난방비 절감을 위해 구축 아파트 리모델링 시 가장 중요하게 투자해야 할 부분은?	창호 교체와 벽체 단열 공사
11	신축 아파트임에도 불구하고 인테리어 공사를 하는 가장 큰 이유는?	획일적인 주방 구조나 마감재를 가족의 라이프 스타일에 맞게 변경

12	인테리어에서 2Bay 구조 아파트가 갖는 일반적인 특징은?	거실과 안방이 나란히 전면을 향하고 있으며, 주방이 좁고 긴 형태
13	인테리어 공사 시 '선택과 집중' 전략이란?	한정된 예산으로 모든 부분을 평범하게 수리하기보다 주방, 거실 등 특정 공간에 집중 투자해 만족도를 높이는 방식
14	주방 창문을 막는 파격적인 인테리어를 하는 이유는?	수납공간 최대한 확보하며 벽면을 활용해 주방의 개방감을 얻기 위해
15	유행을 타지 않아 꾸준히 사랑받는 인테리어 스타일 조합은?	화이트 & 우드(White & Wood) 조합
16	인테리어 예산에서 가장 큰 단일 항목은?	창호, 주방 가구 및 구조 변경
17	인테리어에서 기초 공사의 중요성을 강조하는 이유는?	기초 공사가 부실하면 마감이 아무리 좋아도 추후 심각한 하자가 발생할 수 있기 때문
18	공간을 더 넓어 보이게 하기 위해 '이것' 하나만 없애도 효과가 크다고 강조되는 것은?	답답함을 유발하는 비내력벽, 특히 거실 날개벽
19	거주 중 진행할 수 있는 대표적인 인테리어 공사는?	창호 교체 공사·보양 작업을 통해 하루 만에도 완료 가능
20	IoT(사물인터넷) 기술을 인테리어에 접목한 '스마트홈'의 특징은?	음성 명령이나 스마트폰 앱으로 조명, 가전제품, 난방 등을 제어(생활 편의성 극대화)
21	인테리어 비용을 절약하기 위해 무조건 다 철거할 필요 없다고 조언하는 대상은?	살릴 수 있는 부분은 최대한 활용 가능한 준공 15년 이하의 상태가 비교적 양호한 아파트
22	바닥재 선택 시 마루, 타일 외 장판을 추천하는 이유는?	층간소음 예방에 효과적 · 합리적 비용, 편한 유지관리
23	욕실 인테리어 시 기존 타일 위에 새 타일을 덧붙이는 방식은?	덧방 시공

24	깔끔하고 미니멀한 인테리어를 위해 사용되는 문 시공 방식은?	문선이 보이지 않는 히든도어 또는 무몰딩 시공
25	30평대 아파트를 40평대처럼 보이게 하는 가장 효과적인 인테리어 방법은?	불필요한 벽 철거(거실과 주방을 개방적으로 연결하여 시각적 확장감)
26	오래된 구축 아파트 인테리어에서 가장 불안하고 수습이 어려운 것은?	수도 배관 노후로 인한 누수 문제
27	주방 안에 또 다른 주방을 만드는 보조 주방 혹은 다용도실 주방을 설계하는 이유는?	냄새가 많이 나는 요리를 하거나, 추운 주방의 단점을 보완하고 수납을 늘리기 위해
28	오피스텔이 아파트에 비해 단열과 방풍에 취약한 주된 이유는?	주로 단일 창호로 시공되는 경우가 많아서
29	30년 이상 된 복도식 아파트 리모델링 시 특히 신경 써야 할 점은?	복도 쪽 벽의 단열과 소음 차단, 제한적인 구조 내에서의 효율적인 레이아웃 설계
30	반려동물을 위한 바닥재는?	미끄러질 걱정 없는 포세린 타일 혹은 거친 강마루(장판은 피하는게 좋음)
31	인테리어 비교 견적을 10곳 이상 받는 이유는?	업체별 견적 편차가 크기에 합리적인 비용과 신뢰할 수 있는 시공 업체를 찾기 위해
32	'라인 조명'과 '히든도어'가 구현하는 스타일은?	군더더기 없이 깔끔하고 모던한 스타일
33	셀프 인테리어로 공사를 시작했다가 전문가에게 맡기는 주된 이유는?	기술적인 시공 난이도와 예상못한 변수
34	인테리어 쇼룸을 방문했을 때 이점은?	직접 보고, 만지며 다양한 자재를 비교할 수 있어 짧은 시간 안에 효율적으로 선택 가능
35	집값이 비싼 지역의 인테리어 비용이 집값에 비례하여 비싸지는 이유는?	인건비나 자재비는 지역과 무관하나, 고급 자재나 복잡한 시공에 대한 고객의 요구 수준이 높아지기 때문
36	인테리어 시공 순서에서 가장 먼저 해야 할 일은 철거가 아니라 무엇일까?	디자이너 미팅. 전체적인 디자인과 레이아웃을 확정해야 그에 따른 설계 및 자재 선택 가능
37	주방 인테리어의 만족도를 결정하는 것은 브랜드가 아니라 무엇일까?	사용자의 동선에 맞는 효율적인 레이아웃

38	인테리어 견적을 제대로 받기 위해 소비자가 미리 준비해야 할 가장 중요한 것은?	원하는 인테리어 스타일, 예산 범위, 공간별 필수 요구사항을 명확하게 정리
39	1층 복도식 아파트 인테리어 시 가장 취약한 점은?	단열과 프라이버시 확보
40	인테리어에서 마감의 완성도가 중요한 이유는?	전체적인 집의 미관과 분위기는 사소한 마감 디테일에서 결정되기 때문
41	주방과 거실의 위치를 바꾸는 파격적인 레이아웃을 감행하는 가장 큰 이유는?	채광이 좋은 거실 위치에 주방을 배치해 쾌적하고 개방감 있는 주방 공간을 확보하기 위해
42	가족 구성원의 변화(예: 노후 준비)에 맞춰 인테리어를 할 때 고려해야 할 점은?	안전을 위한 문턱 제거, 동선을 고려한 가구 배치, 사용하기 편리한 조명 및 설비 계획
43	무몰딩 시공이 깔끔해 보이는 이유는?	벽과 천장, 벽과 바닥이 만나는 부분에 몰딩(걸레받이, 천장몰딩)을 없애면 선과 면이 단절 없이 이어지므로
44	탑층 아파트 인테리어 시 구조적 장점과 함께 반드시 고려해야 할 점은?	장점: 층고가 높거나 다락 공간 활용 가능 고려사항: 단열과 결로 문제
45	시스템 에어컨 시공 시 주의해야 할 점은?	천장 단내림 높이와 등박스 디자인, 배관 경로를 미리 정확하게 계획해야 마감이 깔끔
46	주방의 분배기를 이동시키는 공사를 하는 이유는?	주방 레이아웃 변경에 방해가 될 경우
47	인테리어 공사 언제부터 준비해야 하나?	공사 시작 2~3개월 전부터
48	20평대 소형 평수 아파트에서 개방감을 극대화하기 위해 자주 사용하는 방법은?	방 하나를 없애 거실이나 주방 공간을 확장
49	견적 상담 시 소비자들이 가장 많이 하는 질문은?	평당 공사 비용과 총 예산
50	인테리어 하기 전 짐은 어떻게 하나요?	부분 수리는 짐이 있어도 상관 없지만 올수리는 공사 전 짐을 별도로 보관(온라인으로 짐보관 업체 검색 가능)

인테리어 초보를 위한 예산잡는 법

1. 기능 중시

예산의 가장 큰 덩어리는 창호(샤시), 시스템 에어컨, 단열, 설비입니다. 30평대 기준 샤시와 시스템 에어컨에만 2천만 원이 넘습니다. 특히 25년 넘은 구축은 수도, 난방 배관 교체와 단열 비용을 염두에 두어야 합니다. 겉만 화려하고 추운 집은 의미가 없습니다.

2. 자재 등급

"고급스럽게 해주세요"는 위험합니다. 바닥(강마루 vs 원목), 욕실(300각 vs 600각 타일), 주방(PET vs 도장) 등 마감 자재의 등급을 명확히 정해야 제대로 된 견적이 나옵니다.

3. 예비비

구축을 철거하다 보면 90% 확률로 변수(누수, 곰팡이, 썩은 벽)들이 튀어나옵니다. 총예산에서 10~15% 정도는 비상금으로 남겨두는 것이 현명합니다.

MEMO

2장

인테리어 전
준비할
것들

인테리어를 시작하기 전, 공사하는 이유를 명확히 파악하고 있어야 합니다. 그다음 가용 예산, 그리고 예산을 초과했을 때 포기할 것 등 우선순위를 명확히 정해야 후회 없는 결과물을 얻을 수 있습니다.

1. 니즈와 가족 라이프스타일 분석

인테리어의 최우선 목표는 표면적으로 예쁜 것도 필요하지만 가족 구성원의 불편함을 해결하고 삶의 질을 높이는 것이어야 합니다. 가족 개개인의 생활 패턴(예: 서재 공간 필요 여부, 냄새에 민감한지, 수납 부족)을 미리 파악해야만 인테리어 후 생활의 만족도가 더 높아집니다.

인테리어 초보자라도 굵직한 공사 항목(단열, 창호, 마감재 종류)에 대해 미리 공부하고 오면 전문가와 소통이 쉽습니다. 다만, 필요하지 않은 디테일이나 과도한 고집은 오히려 비용을 증가시킬 수 있으니 주의해야 합니다. 특히 유튜브나 인스타그램을 너무 많이 보면 한정된 예산 대비 눈높이가 높아져 이는 결국 과도한 예산 초과로 이어집니다.

2. 예산 정하기

인테리어 공사에 가용할 예산을 명확히 정해두지 않으면 비용이 순식간에 늘어납니다. 예산이 4천만 원인데 6~7천만 원짜리 니즈를 원하면 아예 공사 시작 자체가 어렵습니다.

수납과 깔끔한 라인 정리를 위해서는 가구를 많이 만들어 넣는데, 가구 비용은 생각보다 많은 비중을 차지합니다. 붙박이장, 신발장, 주방 등 양에 따라 금액 차이가 크므로 예산을 짤 때 이 부분을 고려해야 합니다. 예산이 부족하다면 기성 제품을 잘 고르는 것도 방법입니다. 가구는 짜서 넣는 만큼 칼각이나 공간 손실을 없앨 수는 없지만 찾아보면 좋은 기성 제품도 많습니다.

3. 우선순위 정하기

제한된 예산 안에서 후회 없는 결과를 얻으려면 선택과 집중이 중요하며, 특히 기초 공사에 돈을 들이길 권합니다.

장기적 이득을 위해 추위 방지와 전기료 절약을 돕는 단열 공사와 창호 교체는 필수이며, 좁은 복도식 아파트라면 확장 공사를 추천합니다. 반면 예산이 부족하다면 비용 증가 요인인 레이아웃 변경은 자제해야 합니다. 소형 평수에서 대면형 주방을 위한 설비 공사나 시스템 에어컨을 위한 단내림 등 무리한 공사를 고집할 필요는 없습니다.

나의 인테리어 취향이 뭐지?

쉽게 알 거 같지만 막상 말해 보라면 쉽지 않습니다. 취향을 아는 가장 손쉬운 방법이 있습니다. 유튜브나 인스타, 도서, 잡지, 핀터레스트 등에서 마음에 드는 디자인이나 색상, 소품, 자재, 레이아웃 등을 무조건 캡처하세요.

눈에 띄는 대로 모아 많이 쌓이게 되면 그 안에서 본인도 미처 의식하지 못했던 일관된 취향을 발견할 수 있습니다. 이것을 정리해 디자이너 미팅 시 보여주고 상의하면 마음에 드는 집을 구현하는 데 도움이 됩니다.

4. 평형대별 킬러 전략

20평대 전략

20평대 아파트는 면적이 좁아 구조적 한계가 명확합니다. 좁은 공간, 넓게 쓰는 게 핵심입니다.

개방감: 신혼부부나 1인 가구라면, 방 하나를 과감히 철거하여 대면형 아일랜드 주방을 만들어보세요. 30평대 확실한 개방감을 얻게 됩니다. 세탁실을 발코니로 보내면 주방을 더 편리하게 사용할 수 있습니다.

라인 정리: 9mm 문선 또는 무문선, 무몰딩 등으로 선을 정리하세요. 집을 한결 세련되고 넓어 보이게 합니다.

수납: 가능하다면 상부 골조와 좌우 날개벽을 모두 철거, 매립형 붙박이장을 짜 넣으면 튀어나온 요소가 없어져 작은 집이 커보입니다.

안방 벽을 허물고 주방과 거실을 하나로 연결. 20평대 같지 않게 탁 트인 거실

틈 하나 없이 꽉 채운 붙박이장

30평대 전략

30평대 아파트는 우리나라에서 가장 일반적이지만, 동시에 가장 많은 고민을 안고 있는 공간입니다. 30평의 한계를 넘어 40평, 50평대의 공간감을 확보하는 전략으로 접근해 보세요. 또한, 3~4인 가족 고객들은 수납 부족과 예산 초과에 대한 고민도 동시에 안고 있습니다. 20평대의 전략(개방감과 수납)을 기본으로 하되, 여기에 30평대만의 특성을 반영해 공간의 확장을 꿈꿔 보세요.

공간 확장: 발코니, 다용도실 등 활용도가 낮은 공간은 반드시 확장하여 실내 면적을 더 많이 확보하는 게 핵심입니다. 집이 30평대에서 40~50평대로 넓어지는 마법이 펼쳐집니다. 누수나 추위에 대한 염려 때문에 확장을 꺼려

발코니를 확장하여 넓게 만든 거실

하는데, 설비공사와 단열만 잘하면 걱정 없이 공간을 두 배 넓게 사용할 수 있습니다.

공간 쪼개기: 30평대부터는 안방에 화장실이 하나 더 있고, 안방의 크기도 상당히 넓습니다. 화장실의 구조를 변경하여 화장대를 넣거나, 안방에 가벽을 세워 침실 외에도 드레스룸, 작은 서재, 또는 업무 공간을 만들 수 있습니다. 이렇게 했을 때 40평형대와 같은 넓은 주방과 드레스룸, 화장대까지 있을 거 다 있으면서 가족들의 프라이버시가 존중되는 완벽한 공간을 만들 수 있습니다.

조명 효과로 넓어 보이는 30평대 거실

가벽을 세워 드레스룸을 만들고 붙박이장과 스타일러, 화장대까지 넣은 30평대 안방

40평대 전략

40평대는 공간을 과감히 재편해 '효율과 품격'을 동시에 거머쥐는 하이엔드 전략으로 접근할 수 있습니다.

더 넓게: 물리적 확장감을 넘어 시각적 웅장함까지 줄 수 있는 평형대입니다. 현관 주변 벽을 터서 넓은 전실과 대형 팬트리를 조성해도 좋고, 거실과 주방의 위치를 바꾸는 등 파격적인 레이아웃을 통해 집에 들어서는 순간 압도적인 개방감을 느끼게 공사할 수도 있습니다.

기능의 고도화: 공간을 넓히는 데 그치지 않고 잘게 쪼개어 밀도를 높이는 시도도 가능합니다. '보조 주방'을 신설하여 조리와 수납을 분리하고, 30평대보다 더 넓은 안방은 가벽으로 구획해 서재와 운동공간 등 더 다양한 공간 쪼개기가 가능해집니다.

확장 공사로 전면 키큰장 철거하고, 우측면과 아일랜드 구조로 변경한 40평대

MEMO

3장

10년 후에도
후회하지 않을
선택

인테리어 공사는 금액, 시간, 노력 면에서 일생에 몇 번 있지 않는 큰 이벤트입니다. 따라서 한 번 공사한 집에서 짧게는 몇 년, 길게는 10년 이상 살게 됩니다. 10년 후에도 절대 후회하지 않을 선택, 무엇이 있을까요. 홈바를 만들까? TV를 매립할까? 하고 싶은 것이 너무 많습니다. 그보다는 집에 대한 근본적인 질문부터 시작해야 합니다.

1. 물 안 새고, 안 춥고, 단단한 집

집의 수명과 거주자의 건강을 결정하는 것은 보이지 않는 기초 공사입니다. 특히 오래된 구축 아파트는 노후 배관과 단열 문제부터 해결해야 합니다.

누수 예방

동배관은 부식이 발생하기 때문에 반드시 교체해야 합니다. PPC는 PVC 계열이지만 상대적으로 쉽게 터질 수 있어 교체를 권장합니다. 다만 필수 사항은 아니며, 예산이 있다면 교체를 추천합니다. 동배관과 PPC 배관은 모두 최소 25년 이상 된 오래된 자재로, 현재는 생산되지 않는 배관입니다. 두 자재 모두 약한 소재이기 때문에 가능하다면 모두 교체를 권장합니다.

단열 철저

단열은 가장 중요한 요소 중 하나입니다. 기존에 확장된 공간이나 외벽과 맞닿는 부분의 단열이 부실하면 겨울에 춥고 여름에 더울 수 있으며, 이는 결로나 곰팡이의 원인이 됩니다.

또한, 외부와 방이 맞닿는 위치라면 밀폐력과 단열성이 뛰어난 이중창으로 교체하는 것이 필수입니다. 확장 공사를 진행하는 경우라면 이중창 샤시로 교체해야 단열에 절대적으로 유리합니다. 창호는 여름의 냉기와 겨울의 온기를 완전히 가두는 역할을 하므로 초기 비용이 부담스러울 수 있지만 전기세를 생각하면 장기적으로는 이득입니다.

선택과 집중

인테리어는 예산이 한정적이기 때문에 모든 것을 다 고칠 필요는 없습니다. 단열과 배관 문제가 해결됐다면 그다음으로 주방 레이아웃 변경과 시스템 에어컨 등 생활 만족도가 높은 부분에 투자하고, 주방 가구의 하드웨어(예: 블룸 레일)나 상판(예: 세라믹) 등 내구성을 높이는 것이 두고두고 만족하는 방법입니다.

범선생 꿀팁

인테리어 하기 전 꼭 알아야 할 3가지

1. 보이지 않는 곳에 투자하라
예산이 부족하다면 디자인을 포기하고 배관과 단열에 투자합니다. 단열과 방음의 핵심은 샤시. 한 번 하면 20년을 씁니다.

2. 구조 변경을 두려워 마라
'원래 그런 구조'란 없습니다. 비내력벽 철거와 설비 이동을 통해 주방 위치를 바꾸거나 방을 합치는 과감한 시도가 집의 가치를 두 배로 높입니다.

3. 여건이 된다면 시스템 에어컨을!
벽걸이, 스탠딩 에어컨에 비해 공간 효율을 획기적으로 높이고, 라인을 정돈하여 인테리어의 완성도를 높여주는 가성비 최고의 투자입니다.

2. 유행 타지 않는 디자인과 실용성

최신 트렌드가 지나치게 반영된 디자인은 유행이 지나면 촌스러워 보일 수 있습니다. 오랫동안 질리지 않는 디자인과 편리한 동선의 레이아웃, 숨은 공간까지 활용한 수납이 중요합니다. 벽면을 빈 도화지처럼 만들어 가구나 소품으로 포인트를 주는 것이 현명한 접근입니다.

디자인과 마감

'화이트 앤 우드', '화이트 앤 그레이' 조합은 따뜻하고 시대를 타지 않는 기본 컨셉입니다. 군더더기 없이 깔끔한 마감을 위해 무몰딩, 무걸레받이 마감을 추천하며, 이를 위해서는 벽면 목공 작업과 선택적으로 필름 마감이 뒤따라야 합니다.

레이아웃과 수납

주방은 좁은 'ㄱ자' 형태에서 벗어나 'ㅡ자' 대면형 아일랜드 구조로 바꾸는 것이 고객 만족도가 높습니다. 현관에 들어왔을 때 거실이나 주방이 바로 보이는 구조라면 중문을 설치하여 사생활 보호와 단열 효과를 높이는 것도 좋은 방법입니다.

수납은 틈새 공간을 잘 활용하는 것이 원칙입니다. 드레스룸을 최대한 가구로 짜 넣어 옷이나 이불 등을 보이지 않게 한곳으로 모으면 집이 한층 넓어 보입니다. 오래된 구축 아파트는 숨겨진 창고 공간이나 철거되지 않는 벽 사이 자투리 공간까지 찾아보면 수납으로 활용할 수 있는 공간이 의외로 많습니다.

비용 절감 요령

상태가 양호한 가구나 창호는 필름으로 리폼을 하면 비용을 절감할 수 있습니다. 화장실도 모두 올수리할 필요 없이 둘 중 하나만 교체하거나 부분 교체를 하는 것도 좋습니다. 공용부 벽면 마감을 필름 대신 내구성이 좋은 두꺼운 실크 벽지로 마감하면 목공 비용을 줄일 수도 있습니다.

주방 상판은 요즘 인조대리석도 세라믹 못지않은 좋은 제품이 많습니다. 바닥재의 금액도 천차만별입니다. 고급스러우면서도 가성비 있는 제품도 많습니다. 마루 느낌을 내면서도 내구성이 강한 데코타일이나 장판을 선택하면 비용을 크게 절감할 수 있습니다.

3. 좋은 업체 선택하기

인테리어는 결국 사람이 하는 일입니다. 업체의 실력과 책임감을 검증하는 7가지 핵심 기준을 소개합니다. 이 기준만 통과하면 인테리어 공사의 절반은 성공한 것이나 마찬가지입니다.

면허와 사무실

실재하는 회사인가? 가장 먼저 '실내건축공사업 면허'를 확인합니다. 1,500만 원 이상 공사라면 필수. '키스콘'(건설산업지식정보시스템) 조회로 자본금과 기술력을 확인하고, 반드시 독립된 사무실을 방문해 자재 샘플과 상주 직원을 눈으로 체크해야 합니다. 사무실조차 없는 곳도 많습니다. 포트폴리오 도용하는 곳도 많으니, 해당 업체의 블로그, 인스타그램, 유튜브를 찾아 최근 1년간 꾸준히 공사하고 있는지 활동 내역도 확인합니다.

견적서 디테일

좋은 업체는 상세 견적서를 줍니다. '욕실 300만 원' 같은 뭉뚱그린 견적이 아니라 타일과 도기의 정확한 브랜드와 모델명이 적혀 있어야 합니다. 그래야 업체 간 객관적 비교가 가능하고, 공사 중 자재 바꿔치기나 부당한 추가금 요구를 막을 수 있습니다.

현장 노하우

우리 아파트를 아는가? 아무리 예뻐도 '구축'을 모르면 시한폭탄입니다. 포트폴리오를 볼 때 "저희 아파트(또는 비슷한 연식) 공사 경험이 있나요?"라고 묻고, 해당 단지의 배관 상태, 단열 취약점, 관리소장님의 성향까지 꿰뚫고 있는 업체가 진짜 기술자입니다. '오늘의집', '집닥' 같은 플랫폼에서 지역, 평수 시공 사례를 훑어보며 맞는 업체를 찾는 것도 방법입니다.

디자인 제안력

도면을 그릴 줄 아는가? 단순 수리가 아닌 '레이아웃 변경'을 원한다면 능력 있는 '디자이너'가 필요합니다. "이 벽을 없애면 어떤 구조가 가능한가요?"라고 물었을 때, 말로만 "다 돼요"가 아니라, 도면이나 3D 시안으로 변경된 구조를 시각적으로 제안할 수 있는 업체가 좋습니다.

A/S 보장

A/S 내용이 계약서에 상세히 명시되었는가? 계약은 끝이 아니라 시작입니다. 계약서에 '하자 보수(A/S) 기간'과 '범위'가 명확히 적혀 있는지 확인합니다. 보통 1~2년은 보장하며 말뿐인 약속은 휴지 조각입니다. 자신감 있는 업체는 계약서에 A/S 조항을 넣는 것을 두려워하지 않으며, '하자이행보증증권'

발급이 가능하다면 더욱 신뢰할 수 있습니다.

상세한 공정표

계획이 있는가? "대충 한 달 걸려요"는 금물. 실력 있는 곳은 '1일 차 철거', '3일 차 설비' 등 날짜별 상세 공정표를 제시합니다. 이는 공기 지연을 막고 마감 퀄리티를 지키는 약속입니다. 상담 시 샘플 공정표를 요청해 확인합니다.

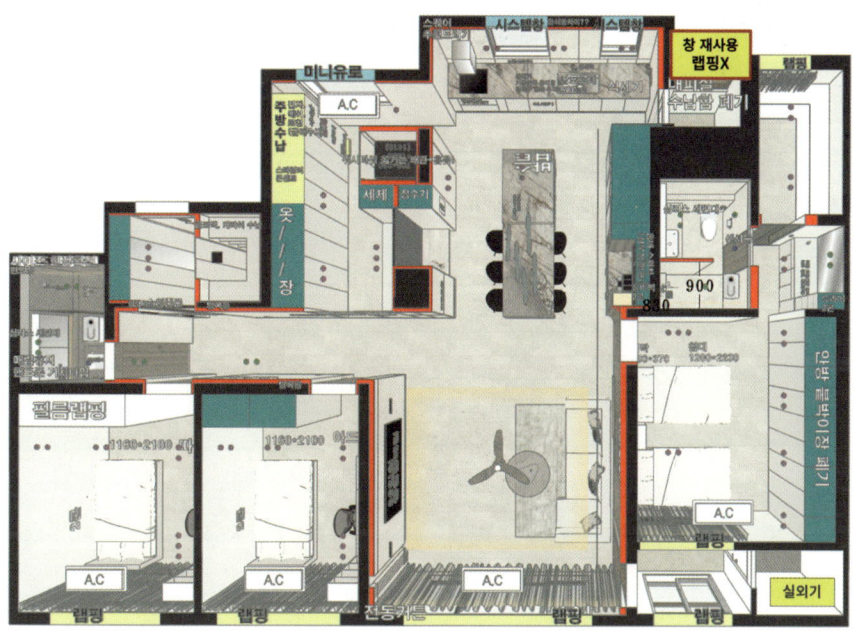

조명·에어컨·가구·창호·마감까지 한눈에 보는 스케치업 평면도

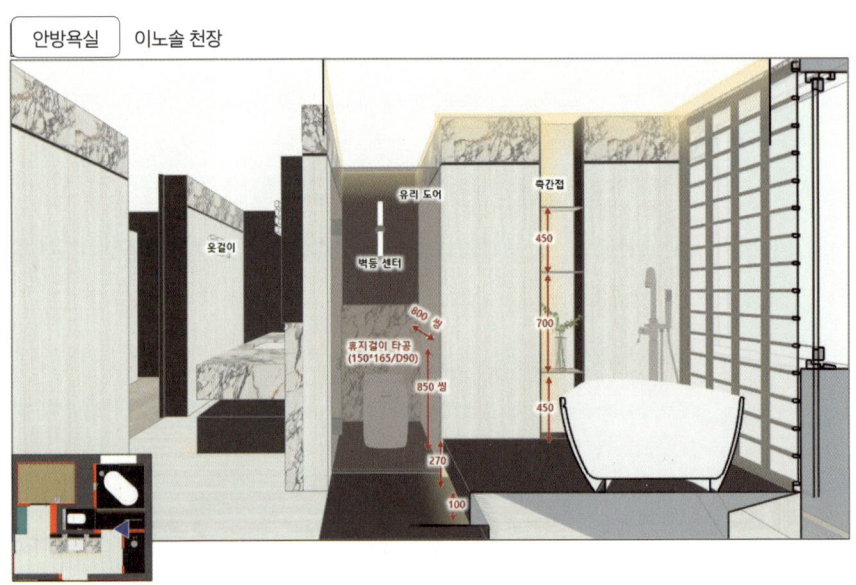

안방욕실　이노솔 천장

옷걸이

유리 도어

벽등 센터

축간접

450

700

450

600 셍

휴지걸이 타공
(150*165/D90)

850 셍

270

100

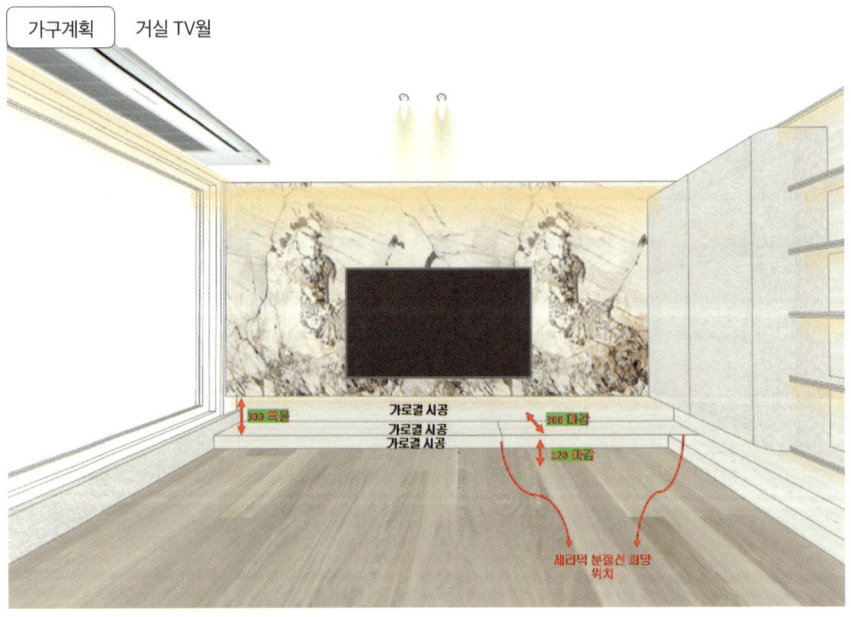

가구계획　거실 TV월

333 측웅

가로결 시공

가로결 시공

가로결 시공

300 마감

120 마감

세라믹 분물선 희당
위치

고객 설명과 현장 시공 기준을 모두 담은 3D로 완성된 안방 욕실·거실 도면

전문가 마인드

Yes맨이 아닌가? 무조건 "다 해드릴게요"만 외치는 업체는 피해야 합니다. 진짜 전문가는 예산과 현장 상황을 고려해 안 되는 이유를 설명하고 현실적 대안을 제시합니다. 고객의 말을 경청하되, 전문가로서 현장을 리드할 수 있는 업체를 만나야 배가 산으로 가지 않습니다.

범선생 꿀팁

'이름값'보다 '경험'이 핵심

많은 분들이 인테리어 계약 시 LX, 한샘, 리바트 등 대형 브랜드나 대기업 대리점을 선호하지만 이들은 본사 직영이 아닌 단순히 자재를 공유하는 독립 사업체입니다. 본사는 자재만 공급할 뿐, 실제 시공의 품질, 사후 관리(A/S), 공정 전체에 대한 책임은 계약한 대리점(또는 일반 업체)에 전부 귀속됩니다. 브랜드 간판만 믿고 계약했다가 지점별 역량 차이 때문에 부실 공사나 소비자 피해를 겪을 수 있으며, 디자인마저 획일화되는 한계에 부딪힙니다.

또한 규모가 큰 인테리어 업체 중에는 계약만 따내고 실제 시공은 외주로 넘기는 경우도 많습니다. 이런 업체 또한 가급적 피하시는 것이 좋습니다.

보이지 않는 곳이 수명을 결정합니다

상담을 하다 보면 이런 얘기를 자주 듣습니다.

"예산이 좀 빠듯한데, 샤시는 확장부에만 하고, 주방 싱크대의 등급을 좀 올리면 안 될까요?"

절대 안 됩니다. 집은 보기에 예쁜 것보다 살기에 편한 것이 먼저입니다. 아무리 비싼 타일을 붙이고 화려한 조명을 달아도 한겨울에 코끝이 시리고 벽지에 곰팡이가 피어오르면 '실패한 공사'입니다. 디자인은 살면서 언제든 바꿀 수 있지만 벽 속에 들어가는 단열재와 방수층은 집을 다시 부수기 전에는 절대 못 바꿉니다.

1. 단열의 정석: 아이소핑크와 우레탄폼

"확장했더니 너무 추워요."

주변에서 흔히 듣는 하소연입니다. 이유는 간단합니다. 단열재를 '형식적'으로 넣었기 때문입니다. 단열의 생명은 두께보다 '기밀성'입니다. 습기에 강한 '아이소핑크(압출법 보온판)'를 반드시 2겹으로 교차 시공해야 합니다. 단열재 사이의 이음새가 겹치지 않게 하여 냉기가 들어올 길을 원천 차단해야 합니다. 또 빼놓을 수 없는 게 있습니다. 단열재와 단열재 사이, 벽과 천장이 만나는 미세한 틈새를 '우레탄폼'으로 빈틈없이 메워야 합니다. 이 과정 없이 석고보드를 덮어버리면, 그 작은 틈으로 황소바람이 들어오고 결로가 생기고 시간이 지나면 곰팡이가 번식합니다.

2. 확장의 필수조건: 난방 배관 연장

확장은 단순히 베란다 문을 없애고 바닥 타일을 마루로 바꾸는 작업이 아닙니다. 외벽과 맞닿아 있던 완충 지대(베란다)가 사라지는 것이기에, 기존 베란다였던 자리의 바닥 온도를 높여야 합니다.

이곳에 그냥 마루만 깔면 겨울철 그 바닥은 얼음장이 됩니다. 반드시 보일러 배관을 연장해서 촘촘히 깐 뒤, 미장(시멘트 덮기) 작업을 새로 해야 합니다. 이 과정이 없으면 확장한 공간은 거실이 아니라 실내에 있는 거대한 냉장고가 될 뿐입니다.

2부

인테리어 순서
A ~ Z

1장_ 상담·견적·계약

2장_ 공사 단계별 진행

1장

상담·견적·계약

인테리어는 대체로 12단계로 나눠 진행됩니다. ① 업체 찾기, ② 초도 상담, ③ 가견적, ④ 실측, ⑤ 실견적, ⑥ 계약, ⑦ 디자인 미팅, ⑧ 자재 미팅, ⑨ 가구 미팅, ⑩ 공사 시작, ⑪ 공사 완료, ⑫ 사후 관리입니다.

1. 상담

고르고 고른 여러 업체들과 상담 일정을 잡고, 견적을 받고, 이를 바탕으로 비교 견적을 많이 받아 볼수록 안목이 생깁니다. 최소 3개월에서 1년 이상 공부했다는 고객, 계약 전 열 군데 넘는 업체와 견적을 내본 고객도 있습니다.

그만큼 인테리어 공사에 업체를 고르고 상담하는 일이 어렵고 중요하다는 뜻입니다. 준비 없이 상담을 가면 업자는 업자대로, 고객은 고객대로 서로 시간 낭비입니다. 호구 잡히지 않고 원하는 견적을 받아내는 사전 준비 공식을 알려드리겠습니다.

상담 전 준비할 것들

단순히 "공사하고 싶어요"라는 말은 하지 마세요. 업자 입장에서 가장 막연하고 러프한 견적을 낼 수밖에 없는 소리입니다.

막연함은 금물: 적어도 욕실을 바꿀 것인지, 주방 레이아웃을 '一형'에서 '아일랜드'나 'ㄱ자'로 바꿀 것인지 정도는 정해야 합니다. 공사 범위가 구체적일수록 나중에 가견적과 실견적의 차이가 줄어듭니다.

예산의 마지노선: 공사에 얼마를 쓸지 예산을 어느 정도는 잡고 가야 제대로 된 상담이 가능합니다. 예산이 부족하다면, 화장실 한 칸이나 주방처럼 영역별 우선순위를 정해 범위를 조절해야 합니다.

최소 3개월 전 방문: 좋은 기술자들은 최소 2개월 전, 적어도 3개월 전에는 섭외가 끝납니다. 서둘러 준비해야 합니다. 공사는 30평 기준 5~7주 걸리지만, 준비 기간이 공사 기간보다 2~3배 더 걸린다는 사실을 명심해야 합니다.

상담 시 유의할 점

단열, 바닥 배관 등에 문제가 발견되면 예산이 초과하더라도 교체하라고 말하는 업체가 좋은 업체입니다. 이를 소홀히 하면 누수나 하자로 모든 것을 다시 뜯게 됩니다. 기초 공사를 잘하는 것, 이것이 궁극적으로 돈을 절감하는 가장 확실한 방법입니다.

업체에 따라 예약시 먼저 방문 상담 신청서(p.62~63)를 요청합니다. 항목마다 신중히 체크하다 보면 본인이 무엇을 원하는지 명확히 정리됩니다. 관리사무실에 들러 단위세대평면도까지 준비해 간다면 더 알찬 상담이 이뤄질 수 있습니다. 그 외 질문할 사항을 상세히 메모해 두면 궁금한 점을 다 해결하고 돌아갈 수 있습니다.

방문 상담 신청서

고객 정보 (필수)	이름	
	연락처	
	방문경로	○ 홈페이지 ○ 블로그 ○ 유튜브 ○ 인스타
	희망상담일자	
건물 정보	위치	
	건물 평수	
	공사 시작일	
	입주 예정일	
	예산	
의뢰 정보 (복수 체크 가능)	화장실 철거	☐ 전체철거 ☐ 부분철거(타일제외) ☐ 기타
	확장	☐ 거실 ☐ 주방 ☐ 방1 ☐ 방2 ☐기타
	샤시	☐ 전체 ☐ 확장부 전체 ☐ 확장부 단창 추가 ☐ 기타
	목공사	☐ 단열 ☐ 몰딩 ☐ 벽체 석고마감 ☐ 천장 전체 재시공 ☐ 천장 부분 재시공(우물천장) ☐ 기타
	도어	☐ 9mm문틀+도어교체 ☐ 히든도어 ☐ 도어,틀 리폼 ☐ 중문 ☐ 기타
	도장 공사	☐ 공용부(거실,주방,복도,현관) 도장 ☐ 발코니 도장 ☐ 기타
	필름 공사	☐ 문틀 ☐ 방문 ☐ 현관문 ☐ 샷시 ☐ 기존 가구 ☐ 기타
	공용 화장실 공사	☐ 욕조 ☐ 샤워부스 ☐ 샤워파티션 ☐ 조적 파티션 ☐ 일반수전 ☐ 매립수전 ☐ 기타
	안방 화장실 공사	☐ 욕조 ☐ 샤워부스 ☐ 샤워파티션 ☐ 조적 파티션 ☐ 일반수전 ☐ 매립수전 ☐ 기타

의뢰 정보 (복수 체크 가능)	타일 공사	□ 현관 바닥 □ 주방 벽 □ 발코니 바닥 □ 발코니 벽 □ 거실 바닥 □ 주방 바닥 □ 기타
	바닥 공사	□ 강마루 □ 원목마루 □ 기타
	전기 및 조명	□ 분전함 교체 □ 라인조명 □ 전체 고급형 스위치 □ 공용부만 고급형 스위치 □ 기타
	제작 가구	□ 싱크대 하부장 □ 싱크대 상부장 □ 냉장고장 □ 아일랜드 □ 기타 주방 수납장 □ 신발장 □ 시스템행거 □ 붙박이장 □ 기존 붙박이장 도어 교체 □ 기타
	기타 공사	□ 현관문 부속철물 교체 □ 입주청소 □ 보일러 □ 룸콘 □ 시스템에어컨 □ 공기청정 □ 실링팬 □ 비디오폰, 도어락 □ 방문 손잡이 □ 기타
문의사항		
단위세대평면도		첨부 유, 무

2. 견적

상담은 대체로 1~2시간 이뤄집니다. 상담하는 동안 가견적서를 작성해 주는 업체도 있고, 상담 후 1~2일 뒤 이메일로 전달하는 업체도 있습니다. 다음은 견적서를 살펴볼 때 유의할 점입니다.

소위 '눈탱이(바가지)'는 처음부터 비싸게 부르는 게 아닙니다. '처음엔 싸게 부르고, 공사 중에 계속 추가하는 것'이 진짜 무서운 눈탱이입니다. 달랑 한 장짜리 견적서를 내미는 업체는 우선 거르세요. 다음 4가지가 명확히 적혀 있는지 확인해야 '고무줄 견적'의 늪에 빠지지 않습니다.

모호한 형용사는 '금지어'

견적서에 고급형 자재, A급 타일, 국산 도기 같은 모호한 단어가 있다면 반드시 브랜드, 정확한 제품명, 규격을 요구합니다. '고급'의 기준은 업자 마음대로입니다. 나중에 "이게 왜 고급이냐" 따져도 소용없습니다. '거실 바닥(고급 강마루 시공)'이 아니라 '거실 바닥(LX하우시스 강그린 와이드(소프트 오크) 7.5T)', 이렇게 적혀 있어야 자재 바꿔치기를 못 하고 가격 비교가 정확해집니다.

'평당 얼마'라는 말에 속지 말 것

"평당 200만 원에 맞춰드릴게요"라는 말은 가장 달콤한 독입니다. 이 금액에는 대개 창호, 시스템 에어컨, 확장공사 같은 큰 덩어리가 빠져 있습니다. 막상 계약하려고 보면 수천만 원이 훌쩍 뜁니다. 평단가가 아니라 내가 하려는 공사 항목(확장, 창호 포함)이 견적에 다 들어가 있는지 '총액(Total Price)'을 확인해야 합니다.

'별도' 항목 살펴보기

견적서 구석에 작게 적힌 폐기물 처리비 별도, 운반비(양중비) 별도, 전기 증설 별도, 엘리베이터 보양비 별도 등의 문구를 조심해야 합니다. 당연히 포함된 줄 알았던 기본 항목들이 '별도'로 빠져 있다면, 나중에 몇백만 원의 추가금이 되어 돌아옵니다. 계약 전, "이 견적 외에 내가 내야 할 돈이 단 1원이라도 더 있나요?"라고 묻고, "없음(식대 및 잡비 포함)"이라고 확답을 받아두어야 합니다.

가구 견적은 '길이(m)'와 '소재'가 핵심

가구(싱크대, 붙박이장 등)는 인테리어 비용의 가장 큰 변수입니다. 단순히 "싱크대 300만 원"이라고 적혀 있다면 위험합니다. 길이가 몇 미터 기준인지(예: 3.5m), 도어 소재가 PET인지 도장인지, 상판은 인조대리석인지 칸스톤인지, 서랍이 몇 개인지, 하드웨어(경첩, 레일)는 국산인지 블룸(Blum)인지 등 디테일이 없으면 나중에 서랍 하나 추가할 때마다 돈을 더 달라고 할 수 있습니다.

최종 견적서

(주)이상범인테리어 - 공사 견적서

홈페이지 주소	www.lsbinterior.co.kr	e-mail	lee@lsbinterior.co.kr
상 호	(주)이상범인테리어	대표자	이상범
소 재 지	서울특별시 송파구 ○○○		
업 태	서비스업	종목	실내장식 디자인업
공 사 명	서울시 용산구 이촌동 ○○○ 31PY		

아래와 같이 견적합니다.

○○○○년 ○○월 ○○일

○○○ 고객님 / 010-0000-0000

공사금액	일금 103,830,000 원정 (부가세 포함)
주요 공사내용	실링팬 보강 + 전기 20만 원

구분	공정명	단가	수량	단위	총합	비고
철거	현관 바닥타일 철거	200,000	1	식	200,000	
	신발장 철거	150,000	1	식	150,000	
	현관 유리 + 가벽 철거	300,000	1	식	300,000	
	입구방 붙박이장 철거	150,000	1	식	150,000	
	안방 붙박이장 철거	200,000	1	식	200,000	
	안방발코니 창고장 + 안방 철거	150,000	1	식	150,000	
	안방건너방 매립붙박이장 철거	50,000	1	식	50,000	
	주방 철거	400,000	1	식	400,000	
	주방타일 + 주방ㄱ자 단열재 철거	500,000	1	식	500,000	
	화장실 전체 철거 및 바닥방수(2차까지) 거실 / 안방	1,200,000	2	식	2,400,000	1500*2000 욕실 사이즈 기준
	마루 철거 및 샌딩	35,000	23	평	805,000	
	문틀문짝 철거	100,000	7	식	700,000	터닝도어 포함
	거실 우물천장 철거 + 천장거울 철거	350,000	1	식	350,000	
	거실 아트월 대리석 철거	400,000	1	식	400,000	
	몰딩 및 걸레받이 철거	500,000	1	식	500,000	

	가스배관철거	150,000	1	식	150,000	
	기타철거	500,000	1	식	500,000	창고장 선반 철거 포함
					7,905,000	
천장 공사	공용부: 천장(철거 + 목공)	100,000	16	평	1,600,000	
					1,600,000	
설비	세탁기: 다용도 끝으로	800,000	1	식	800,000	
	주방수전: 벽수전 → 입수전	500,000	1	식	500,000	
					1,300,000	
가구	신발장 좌/우 → 한쪽당 5자 기준 (총10자)	200,000	10	자	2,000,000	주문제작: 무광PET (EO) / 제로엣지
	입구방 붙박이장(5자 기준)	200,000	5	자	1,000,000	주문제작: 무광PET (EO) / 제로엣지
	안방 붙박이장(13자 기준)	200,000	13	자	2,600,000	주문제작: 무광PET (EO) / 제로엣지
	안방건너방 매립붙박이장 선반 2개 + 도어	400,000	1	식	400,000	
	안방 발코니 수납장	500,000	1	식	500,000	
	거실우측 가벽 뒤쪽 수납장	500,000	1	식	500,000	
	다용도실 하부장 + 세탁기 상부장	1,200,000	1	식	1,200,000	
	주방: ㄱ자형(4.5미터 기준) 인덕션 제외 - 총길이 5미터	1,100,000	4.5	미터	4,950,000	주문제작: 무광PET (EO) / 제로엣지
	옵션: 수전 : 범수전(6가지)	150,000	1	식	150,000	
	옵션: 싱크볼 : 사각볼 : 캄포르테	400,000	1	식	400,000	
	옵션: 상판1 : LX하우시스 - 오로라 (인조대리석)	100,000	4.5	미터	450,000	
	옵션: 미드웨이 오로라(인조대리석)	400,000		미터	-	
	옵션: 상판2 : 현대 L&C 칸스톤(엔지니어드스톤)	400,000		미터	-	칸스톤 루나화이트 기준
	미드웨이	400,000		미터	-	
	옵션: 상판3 : 세라믹 -중국산	1,900,000		장	-	2장 예상
	옵션: 상판3 : 세라믹 -유럽산	2,800,000		장	-	인피니티 기준

	예상 금액입니다. 가구 상담 시 금액 변동될 수 있습니다.					
	가구 합계					14,150,000
확장 (거실, 입구방)	바닥철거 및 난방	1,200,000	2	식	2,400,000	
	목공 및 단열	1,000,000	2	식	2,000,000	
	행위허가신고	650,000	1	식	650,000	사용승인 진행 시 30만 원 금액 별도
						5,050,000
욕실 (거실)	타일 + 시공 600*600(포세린)	2,000,000	1	식	2,000,000	
	도기 + 수전 + 액세서리(투피스양변기+기본세면대)	1,700,000	1	식	1,700,000	LX하우시스 / 아메리칸 = 기본사양
	비데일체형	600,000	1	식	600,000	
	매립휴지걸이	150,000	1	식	150,000	
	조적파티션	500,000	1	식	500,000	
	젠다이연장 + 졸리컷	400,000	1	식	400,000	
	바닥 난방(서비스)					
	휴젠트 2.5	350,000	1	식	350,000	
	부자재	200,000	1	식	200,000	
	천장: SMC	400,000	1	식	400,000	
						6,300,000
욕실 (안방)	타일 + 시공 600*600(포세린)	1,700,000	1	식	1,700,000	
	도기 + 수전 + 액세서리(투피스양변기+기본세면대) 샤워겸용	1,500,000	1	식	1,500,000	LX하우시스 / 아메리칸 = 기본사양
	바닥 난방(서비스)					
	젠다이 연장 + 졸리컷	300,000	1	식	300,000	
	부자재	150,000	1	식	150,000	
	천장: SMC	300,000	1	식	300,000	
						3,950,000
시스템 에어컨 (LG)	시스템에어컨(거실/방3곳) + 전기작업	1,600,000	4	식	6,400,000	
						6,400,000
	거실(확장): 뷰프레임250(이중창)		1	식		
	안방발코니: 뷰프레임140(단창)		1	식		

			단가	수량	단위	금액	비고
창호	안방분합: 뷰프레임(이중창)		11,200,000	1	식	11,200,000	LX하우시스 10년 보증
	입구방(확장): 뷰프레임250(이중창)			1	식		
	주방창: 뷰프레임(이중창)			1	식		
	다용도실(확장): 픽스창 + 픽스창 + 뷰프레임140(단창)			1	식		
	거실: 터닝도어/다용도실		800,000	2	식	1,600,000	
	철거 / 양중 / 사춤		1,300,000	1	식	1,300,000	
						14,100,000	
중문	1도어 스윙중문		1,000,000	1	식	1,000,000	
						1,000,000	
목공	문틀/문짝: 12mm 문선(화장실2/방 3)		600,000	5	식	3,000,000	LX하우시스 ABS
	현관 신발장 뒤쪽 가벽		300,000	1	식	300,000	
	거실 우물 평탄작업		500,000	1	식	500,000	
	단열(아이소핑크): 안방외벽 / 안방건너방 외벽		500,000	2	식	1,000,000	
	단열(아이소핑크): 주방 ㄱ자 단열 라인맞추기		1,000,000	1	식	1,000,000	최대한 얇게
	단열(e보드): 안방발코니/다용도실		500,000	2	식	1,000,000	
	걸레받이(4CM)		1,200,000	1	식	1,200,000	
	기타 목공		500,000	1	식	500,000	
						8,500,000	
타일	현관바닥타일(600*1200)		600,000	1	식	600,000	
	목공 및 단열		800,000	1	식	800,000	
	행위허가신고		800,000	2	식	1,600,000	
						3,000,000	
도배	인건비	실크 전체 TC(천장 전체 무몰딩 도배)	300,000	11	식	3,300,000	
	자재	실크벽지(베스티)	1,200,000	1	식	1,200,000	LX하우시스
		부자재	350,000	1	식	350,000	
						4,850,000	

바닥	강마루(동화마루 진스퀘어 직각 (650*1220)	170,000	27	평	4,590,000	LX, 동화, 구정
					4,590,000	
필름	현관문	350,000	1	식	350,000	
					350,000	
세라믹 탄성 코트	안방발코니/다용도실	650,000	1	식	650,000	
					650,000	
전기 공사	배선작업	350,000	6	식	2,100,000	
	다운라이트 + 간접	600,000	1	식	600,000	
	부자재	200,000	1	식	200,000	
	인덕션 단독배선 작업	150,000	1	식	150,000	
	분전반교체	300,000	1	식	300,000	
	스위치 콘센트	500,000	1	식	500,000	르그랑 아펠라화이트 기본
	콘센트 이동 및 증설 1개소 10만 원(2개소 서비스)					
	전기공사 합계				3,850,000	
기타	입주청소	500,000	1	식	500,000	
	폐기물	500,000	3	식	1,500,000	
	공사신고	200,000	1	식	200,000	동의규정: 50% 기준 (필수세대 요청 시 금액은 상이할 수 있음
	엘리베이터 보양	200,000	1	식	200,000	동선보양 시 금액 추가(플라베니아 장당 5천원)
	옵션: 도어락 + 비디오폰(연동포함)	850,000	1	식	850,000	도어락: 직방, 도어맨(안전고리,말굽,도어크루져)
	엘베사용료 / 예치금					소비자부담 / 추후 진행시 안내
	사다리(엘리베이터 사용불가 시)					소비자부담 / 추후 진행시 안내
	기업이윤	1,800,000	1	식	1,800,000	
	공과잡비	1,800,000	1	식	1,800,000	
	기타 합계				6,850,000	

추가내용						
	추가내용 합계					
주의 사항	견적 외 요청건은 추가비용 발생됩니다.(기본 A/S 1년 , 누수 관련 A/S 2년)					

총비용합계(부가세 별도)		94,395,000	부가세 포함	103,834,500
D.C(단수정리)				-4,500
부가세		9,439,091	공급가	94,390,909
추가(부가세)		0	부가세 포함	0
추가금액확인		(주)이상범인테리어 (인)		고객님 성함 (인)
계약조건		계약금 10%, 착수금 40%(공사시작 5일전), 중도금 40%(공사중간 2/3 도배), 잔금 10%(공사완료 후)		
합계(부가세 10% 별도)		국민은행: ㈜이상범인테리어 00000-00-00000		

견적가	103,830,000	110,000	상담비	현금영수증 발행완료
추가금	–	550,000	실측비	
		9,723,000	계약금(10%) _ 계약일	
		41,532,000	착수금(40%) _ 10월 11일	
총합	103,830,000	41,532,000	중도금(40%) _ 11월 12일	금액 추가/차감시 중도금 때 결제
		10,383,000	잔금(10%) _ 11월 29일	
		103,830,000		

구분	금액	결제방법	증빙여부	비고
상담비	110,000			
실측비	550,000			
계약금	9,723,000			
착수금	41,532,000			
중도금	41,532,000			
추가금	0			
잔금	10,383,000			
총금액	103,830,000			

가견적서 스펙 리스트

욕실

• 예시 이미지 이며, 같은 스펙 다른디자인 상품으로 대체 가능합니다.

600*600 포세린 (중국산)
300*600 도기질 (중국산)

LX / 아메리칸스텐다드
투피스 양변기

LX / 아메리칸스텐다드 세면대

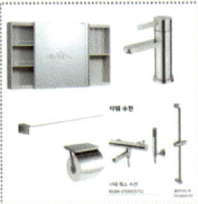

댐핑슬라이딩 욕실장/수전/액세서리

도배 / 필름 / 마루 / 도어

LX 베스띠 / 디아망 실크벽지

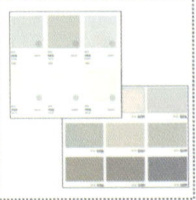

LX 베니프 필름 / 현대필름

LX 강그린프로 / 동화 나투스진

무문선 or 12MM / 도어손잡이(LX)

가구

가구도어 PET E0 등급 / 제로엣지
(맞춤제작제품)

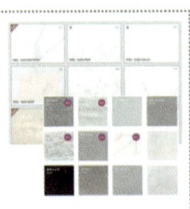

LX 오로라 _ 인조대리석
현대 _ 칸스톤 (스펙UP)

여닫이 경첩 _ 문주경첩 (국산)
서랍경첩 _ G*GRASS (오스트리아)

싱크볼 캄포르테 / 매립후드 포함

조명 & 스위치 / 기타

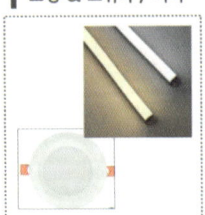

3인치 다운라이트 / T5 간접조명

르그랑 아펠라 or 융스위치

창호 _ LX 10년보증

LG 시스템에어컨 (최신버전)

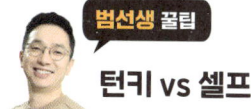

턴키 vs 셀프

1. 턴키(Turn-key): 토탈 아웃소싱

열쇠(Key)만 넘겨주면(Turn) 끝난다, 열쇠만 돌리면 곧장 사용할 수 있게끔 완성시킨다는 뜻입니다. 기획, 자재 선정, 시공, 감리, A/S까지 모든 과정을 한 업체에 일임합니다. 고객은 과정이 아닌 완성된 결과물을 구매합니다. 하자가 생기면 업체에만 책임을 물으면 됩니다. 내 시간을 아끼고 전문가의 솔루션을 사는 것입니다.

2. 셀프(직영 공사): 직접 진행

'셀프'라고 하지만 직접 타일을 붙이는 게 아니라서 '반셀프'라고도 불립니다. 고객이 직접 '현장 소장'이 되어 목수, 타일공 등 기술자를 개별적으로 고용하고 지휘하는 방식입니다. 고객이 과정을 주도합니다. 업체에 주는 중간 마진을 없애 저렴하고, 원하는 자재를 마음껏 쓸 수 있다는 큰 장점이 있습니다. 단, '하자 핑퐁(책임 떠넘기기)'의 지옥을 맛볼 수 있습니다. 공정 간 스케줄 꼬임과 감리 스트레스는 오롯이 '본인'의 몫입니다.

결국 '현장 소장(총책임자)'이 누구냐에 따라 턴키와 셀프로 결정됩니다.

3. 실측

실측은 가견적을 바탕으로 변수를 확인하는 정밀검사라 할 수 있습니다. 업체에서 직접 현장을 방문해 이루어집니다. 특히 오래된 구축 아파트라면 예상치 못한 숨겨진 변수가 실측 과정에서 터져 나옵니다. 수도 배관이 낡아 교체해야 한다든가, 난방을 완전히 다시 깔아야 한다든가 하는 판단이 이때 내려집니다. 도면에서는 발견되지 않았던 숨은 구조, 평면도와 다른 크기 차이도 현장 실측에서 발견됩니다. 이 변수에 따라 상담 시 받았던 가견적은 최종 실견적 금액으로 조정됩니다. 대체로 유능한 업체일수록 가견적과 실견적의 차이가 크지 않습니다. 이미 상담 과정에서 집의 연식만으로도 교체 여부가 판가름나기 때문입니다.

4. 계약

최종 실견적을 확정하였다면 이제 계약서를 쓸 차례입니다. 견적서가 '무엇을' 공사할지를 정한다면, 계약서는 '언제', '어떻게', '누가' 책임질지 정하는 법적 문서입니다.

공정거래위원회 표준 인테리어 공사계약서 양식

'독소조항' 5가지 피하는 법

견적서가 아무리 훌륭해도 계약서가 부실하면 말짱 도루묵입니다. 계약서는 '잘 될 때'가 아니라 '문제가 생겼을 때' 나를 지켜주는 유일한 무기입니다. 업체가 내미는 계약서에 무조건 서명하지 말고, 아래 5가지가 제대로 적혀 있는지 확인합니다.

우리집 실측 해 보기

① '두루뭉술한 공사 기간'은 절대 금물(지체보상금)

"공사 완료일: 5월 중"처럼 애매하게 적혀 있다면 당장 수정해야 합니다. 반드시 '착공일(시작)'과 '준공일(끝)'을 날짜(YYYY. MM. DD)로 명시해야 합니다. 더 중요한 것은 약속을 어겼을 때의 페널티입니다. "공사 지연 시 하루당 총 공사비의 0.1%(또는 0.2%)를 지체보상금으로 지급한다"라는 조항이 있어야 업체가 책임감을 갖고 마감 날짜를 지킵니다.

② '추가 비용'에 대한 안전장치 걸기

공사하다 보면 현장 상황에 따라 변수가 생기기 마련입니다. 하지만 이를 악용해 "이건 별도"라며 무작정 돈을 요구하는 것은 막아야 합니다.

"계약된 내역 외의 추가 공사는 반드시 '사전 서면 합의' 후에 진행하며, 합의 없는 추가 비용은 인정하지 않는다"라는 문구를 특약으로 적으면 업체의 일방적인 통보를 막는 강력한 방패가 됩니다.

③ 대금 지급 비율 '안전하게' 나누기

계약금으로 20% 이상을 요구하는 업체는 위험합니다. 돈을 다 받으면 업체의 태도가 돌변할 수 있습니다. 가장 이상적인 비율은 "계약금 10% - 착수금 40% - 중도금(도배 전~마무리) 40% - 잔금 10%"입니다. 특히 잔금은 모든 공사가 끝나고 하자 보수까지 완료된 후(입주 일주일 뒤 등) 지급한다는 조항을 넣으면 끝까지 마감 퀄리티를 챙길 수 있습니다.

④ 상세 견적서를 '계약서의 일부'로 만들기

계약서 한 장만 남기고 견적서를 버리는 분들이 있습니다. 절대 안 됩니다. "첨부된 상세 견적서(자재 내역 포함)는 본 계약서와 동일한 효력을 가진다"라는 문구를 넣어 처음에 약속한 자재(모델명)가 그대로 시공되도록 법적 효력을 부여해야 합니다. 그래야 나중에 자재가 바뀌었을 때 당당하게 재시공을 요구할 수 있습니다.

⑤ A/S 기간과 범위 구체화

"A/S는 성실히 이행한다"라는 문구는 있으나 마나입니다. "무상 A/S 기간은 준공일로부터 ○년(보통 1~2년)으로 한다"라고 숫자로 못 박아야 합니다. 만약 가능하다면 서울보증보험 등을 통해 '하자이행보증증권'을 발행해 줄 수 있는지 확인하고 이를 특약에 넣으면, 업체가 망하더라도 보상받을 길이 열립니다.

세금에 대한 법적 팩트 체크

결제 방식이나 현금 영수증 처리에 대해 잘못 알고 있는 분들이 많습니다. 일반적으로 인테리어 업체에서는 다음과 같이 계산서를 발급합니다.

구분	내용
부가세(VAT)	현금, 계좌 이체, 카드 결제 모두 동일 (현금, 계좌 이체를 한다고 면제되거나 할인되지 않음)
현금 영수증	현금, 계좌 이체 시 발행
세금계산서	개인 소비자 대상으로는 현금영수증 발행이 원칙
세금계산서 예외 조건	공사하는 주소지가 고객 사업장 주소로 되어 있는 경우 발행 가능

5. 디자인, 자재, 가구 미팅

계약서에 도장까지 찍었다면 이제 진짜 인테리어가 시작됩니다. 곧바로 디자이너와의 미팅 날짜가 잡힙니다. 초보 고객님들은 "대체 저 미팅에서 뭘 하는 거야?"라며 궁금해 합니다. 이 미팅 기간이야말로 구조변경에서부터 자재 선택, 디테일, 가구 제작까지 모조리 결정되는 시간입니다. 흔들림없는 명확한 기준을 잡고 가야 합니다.

디자인 미팅에서 하는 일

디자인 미팅, 일명 레이아웃 미팅은 고객님의 삶의 방식을 집에 담는 과정입니다. 고객 정보 리스트(P.79~83)를 참고하여 디자이너는 고객의 니즈를 파악하고 최적의 전략을 상의합니다. 냉장고를 다용도실이나 다른 공간으로 빼는 과감한 구조 변경을 제안하고 방이나 화장실을 합쳐서(통합) 마스터룸을 만들거나, 넓은 방을 가벽으로 쪼개서(분리) 드레스룸이나 서재를 확보하는 방안도 함께 논의합니다. 1개의 화장실을 2개로 늘리거나, 2개의 화장실을 1개로 만드는 혁신적인 제안도 이때 이루어지며, 창호의 분할 방식이나 위치 같은 디테일도 이때 결정됩니다.

고객 정보 리스트

구분	질문	답변내용	비고
기간 및 거주방식	공사 기간		
	현재 거주/비거주		
	현장 짐빼는 날		
	입주일자		
	가족구성원 (성별/연령)		
	각 구성원 키/몸무게		
	각방 용도		
	가정 내 취미/수집/필요공간		

현관	신발장 수납공간 필요 정도		
주방	주방 하부장 구조 (아일랜드 선호 여부)		
	주방기구 및 요리 빈도 (넓은 주방 or NOT)		
	구성할 집기 내용		
안방	기존 및 추가할 가구		
	필요사항		
거실	기존 및 추가할 가구		
	필요사항		
가구 및 수납공간	수납공간 필요 정도		
	운동기구		
	가구		
	가구 색상		
	기타		
공간별 원하는 이미지	현관		

공간별 원하는 이미지 (포트 폴리오 또는 직접 작성)	거실	
	주방	

공간별 원하는 이미지 (포트 폴리오 또는 직접 작성)	욕실	
	안방	

구분	제품명	모델명	사이즈
전기제품 (제품명 + 모델)	냉장고		
	김치냉장고		
	세탁기		
	건조기		
	TV		
	무선청소기		
	로봇청소기		
	식기세척기		
	오븐		
	전자레인지		
	밥솥		
	믹서기		
	인덕션		
	스타일러		
	그밖에 1. 정수기		
	2.		
	3.		
	4.		
기타 희망사항			

자재 미팅에서 하는 일

인테리어 회사가 운영하는 쇼룸은 소비자의 발품을 줄여주는 효율적인 공간입니다. 모니터 속 3D나 사진은 실제 조명 아래에서의 질감과 색감을 전부 담지 못합니다. 따라서 쇼룸에서 타일, 벽지, 마루, 필름, 창호 등 실제 시공될 마감재를 직접 보고 만져보고 검증하는 과정을 반드시 거쳐야 합니다.

을지로 자재상이나 강남역에 위치한 영림쇼룸, 논현동에 위치한 지인, 한샘 쇼룸 등을 방문하면 인테리어에 필요한 모든 자재를 한자리에서 구경할 수 있습니다. 단순한 자재 선택을 넘어, 자재들 간의 톤앤매너가 조화로운지 확인하고 정확한 모델명까지 꼼꼼히 확정 짓는 것이 핵심입니다.

이상범인테리어 쇼룸

인테리어 자재별 특성 및 시공 비용

마감재 하나가 집의 분위기를 완전히 바꾸고 잘못 선택하면 후회와 불편함을 부릅니다. 어떤 자재들이 있는지, 금액은 얼마나 하는지, 특징은 무엇인지 핵심만 알려드리겠습니다.

① 바닥재

(단위: 평, 헤베, 미터 등 / VAT 별도)

구분	종류	제품 및 특징	금액	체크
바닥재 (평)	원목마루	두께: Top층 2~4mm 전체 두께: 10~15mm 자작 또는 소나무 내수 합판 베이스 폭 10~30cm	25~50만 원 (일반적으로 30~35만 원 선 선호)	
	온돌마루 /합판마루	표면 무늬목: 두께 0.01~2mm LX는 현재 운영하지 않음	10 중반~ 20만 원 초반	
	강마루	표면 인쇄지 - 원목보다 인위적이나 내구성과 가성비가 좋음(90% 이상 선택)	10 초반~ 20만 원 초반	
		LX 강그린 슈퍼	14만 원	
		LX 강그린 와이드 (광폭: 폭 125mm, 길이 1.2m, 두께 7.5mm)	16만 원	
		LX 강그린 사각	18만 원	
	강화마루	HDF 베이스 - 띄움 시공. 내구성은 강하나 열전도율이 낮고 보행 시 소리 남		
		LX 포르테	10만 원	
	SPC마루 /돌마루	LX 에디톤/에디톤 솔트림	17만 원	
	포세린 타일	무광 타일 - 자기질로 제작, 내구성 매우 강함. 크기 및 종류에 따라 가격 상이	30만 원~	

바 닥 재 (평)	상업용 데코타일	난방이 들어오는 주거 공간에 시공하면 벌어지므로 사용 불가	4~6만 원	
	주거용 데코타일	PVC 소재(LX 하우스, 지아마루 스타일) - 온돌용 주거 현장 시공 가능 - 지아마루 스타일은 기존 마루 위 덧방 시공 가능	7~10만 원	
	장판	1.8mm	4만 원	
		2mm	5만 원	
		2.2mm	6만 5천 원	
		2.7mm	10만 원	
		3.2mm	11만 원	
		4.5mm 이상	12만 5천 원	
		LX 엑스컴포트 - 5mm 두께의 고가 장판. PLA(친환경) 소재, 층간 소음 예방	14만 5천 원	
시공비용		30평대 강마루 - 기존 마루 철거 및 샌딩 포함	450만 원	
		30평대 지아마루 스타일 - 기존 마루 위 덧방 시공. 철거비 제외	200만 원	

바닥은 호텔 같은 고급스러운 하이엔드 감성을 원한다면 포세린 타일을, 나무 본연의 따스하고 자연스러운 질감을 선호한다면 원목마루를 추천합니다. 다만 원목마루는 표면이 약해 '모시고 살아야' 할 정도로 관리에 주의가 필요합니다.

최근의 트렌드는 폭이 넓고 질감이 살아있는 '광폭 텍스처 강마루'입니다. 폭이 10cm 이하였던 기존 마루와 달리, 14cm 이상의 광폭 마루는 공간을 훨씬 넓어 보이게 합니다. 특히 표면에 나뭇결의 요철을 구현한 텍스처 마루는 원목 마루의 자연스러운 촉감을 주면서도 찍힘과 긁힘에는 훨씬 강합니다. 보행감이 좋고 시각적으로 시원해 거실의 베이스를 탄탄하게 잡아줍니다.

어린 자녀나 무릎이 불편한 어르신이 계신 가정에는 쿠션감이 좋아 보행 충격을 줄여주는 프리미엄 장판 '엑스컴포트'를, 반려동물을 키우거나 찍힘 스트레스 없이 편하게 지내고 싶다면 내구성과 방수 기능이 압도적인 '에디 톤'을 추천합니다.

② 벽 마감재

(단위: 평, 헤베, 미터 등 / VAT 별도)

구분	종류	제품 및 특징	금액	체크
벽 마감재	실크벽지 (헤베)	LX 실크 테라피	1만 3천 원	
		LX 베스티 - 무지부터 다양한 패턴이 있는 실크 벽지	1만 4천 원	
		LX 지아 패브릭 - 패브릭의 매트한 질감의 실크 벽지	1만 6천 원	
		LX 디아망 - 두껍고 입체감 있는 실크 벽지	2만 3천 원	
		LX 디아망 포티스 - 무걸레받이, 무몰딩 시공 가능	2만 9천 원	
	합지벽지 (헤베)	종이 소재, 오염에 약하고 이음매(겹침 시공) 티남. 시공비 절감	소폭 3,300 원 광폭 6,500 원	
	도장 (페인트)	벤자민 무어	헤베당 9만 원 (자재 + 시공)	
		발페인트 발레나	헤베당 15만 원 (자재 + 시공)	
	기능성 타일	숨타일	대형 헤베당 11만 9천 원(자재)	
		일반	헤베당 8만 9천 원 (자재)	
시공비용 (기초작업 따라 금액차 큼)		30평대 실크 벽지	350~400만 원 (자재 + 시공)	
		30평대 디아망 벽지	450~550만 원 (자재 + 시공)	

벽면은 집 안 분위기를 좌우하는 가장 큰 바탕입니다. 예산이 넉넉하다면 도장(페인트)이나 인테리어 필름을 사용하여 몰딩 없는 깔끔한 라인을 만드는

것이 가장 보기 좋겠지만, 일반적인 20~30평대 아파트에서는 비용 문제로 고민이 될 수밖에 없습니다. 이때 가격과 품질 사이에서 가장 만족스러운 선택은 프리미엄 실크 벽지인 '디아망'입니다. 일반 실크 벽지보다 두께가 두꺼워 콘크리트 벽면의 울퉁불퉁한 면을 잘 감춰주고, 마치 페인트나 회벽을 바른 듯한 고급스러운 느낌을 주어 가심비가 매우 훌륭합니다.

실속과 분위기를 모두 챙기려면 손이 자주 닿고 눈에 잘 띄는 거실 아트월이나 문선 같은 곳은 내구성이 강한 필름으로 힘을 주고, 침실이나 나머지 공간은 색감을 맞춘 일반 실크 벽지로 깔끔하게 마감하면 좋습니다. 평수가 크지 않다면 화이트나 샌드 그레이처럼 밝고 차분한 색상을 골라야 공간이 넓어 보입니다. 결국 좋은 인테리어란 무조건 비싼 자재를 쓰는 것이 아니라, 정해진 예산 안에서 자재들의 톤을 조화롭게 맞춰 집의 완성도를 높이는 것입니다.

③ 창호 및 도어

(단위: 평, 헤베, 미터 등 / VAT 별도)

구분	종류	제품 및 특징	금액	체크
창호 및 도어	외부 창 (LX)	뷰프레임 140, 250	1,300만 원	
		뷰프레임 145, 260	1,500만 원	
	내부 창	뷰프레임 130i, 250i	외부 창 대비 20~25% 저렴	
		PTT85, PTT200	이중창 대비 금액 비슷	
		PLS	이중창 대비 +20% UP	
		유로 시스템 미니 라인 - 아파트 주방 등에 사용되는 PVC 창, 뷰 극대화	150만 원(1200x500 사이즈 기준)	
	유리	슈퍼 로이 유리(로이 유리)	전체 샤시 금액의 15% UP (외부유리 로이 기준)	
	TPS 감봉	유리와 유리 사이 간봉 - 성에가 끼지 않도록 보증(LX 10년 보증)		
	도어/중문	알루미늄 중문 3연동	150만 원	
		원도 슬라이딩 중문 - 원목으로 제작 가능	100~300만 원	
		스윙 중문 - 앞뒤로 여는 형태	120만 원	
		터닝도어 - 주방, 다용도실 등 단열이 필요한 곳에 설치하는 시스템도어	80만 원	
		히든도어 - 문틀을 숨겨 깔끔하게 마감	120만 원(개당)	
시공비용		30평대 외부 창	800~1,000만 원	
		30평대 내외부 창	1,300~1,500만 원	

창호(샤시)는 집의 단열과 소음 차단을 책임지는 핵심 자재입니다. 보통 LX하우시스 제품을 많이 선호하는데, 한정된 예산 안에서 성능을 확실히 챙기려면 '선택과 집중'이 필요합니다. 비바람을 직접 맞는 외부 창은 단열 성능이 검증된 '뷰프레임' 등급에 은 코팅을 입혀 열 손실을 줄인 '슈퍼 로이 유리'를 적용하고, 실내에 있는 방 창문은 한 단계 낮은 '뷰프레임i'나 가성비 좋은 타 브랜드를 섞어서 시공하는 것이 현명합니다. 20~30평대 아파트라면 이 정도 조합만으로도 충분히 따뜻하고 쾌적한 집을 만들 수 있습니다.

단순히 추위를 막는 것을 넘어 탁 트인 전망과 세련된 디자인까지 고려한다면 창틀의 두께를 눈여겨봐야 합니다. 최근에는 창틀이 얇아 개방감이 뛰어난 '뷰프레임'이나, 주방 뷰를 가리는 중간 창살을 없앤 '시스템 창호(유로 미니 9)'가 인기입니다.

④ 주방 자재

(단위: 평, 헤베, 미터 등 / VAT 별도)

구분	종류	제품 및 특징	금액	체크
주방 자재	주방 가구 (3M 기준, 도어 소재 별)	PET 소재	330만 원	
		PET - 제로 조인트	370만 원	
		우레탄 도장	450~500만 원	
		원목/무늬목	700~800만 원	
	상판 (3M 기준)	세라믹	중국산 200만 원 유럽산 300만 원 (1장 기준, 가공 많으면 비용 추가)	
		칸스톤(엔지니어드 스톤)	50만 원(미터당, 시공비 포함)	
		인조 대리석	20만 원(미터당, 시공비 포함)	
	주방 기기 (일체형)	매립후드	15만 원	
		침니후드	40~150만 원	
		아일랜드후드	50~200만 원	
		드래프트후드	150~400만 원	
		인덕션일체형	150~600만 원	
	수전	범수전, 폭포 수전 - 분사, 직수, 회오리 등 4가지 기능	15~20만 원	
시공비용		30평대 아파트 주방 시공 총비용	1,000~1,500만 원	
		30평대 도장	2,000~3,000만 원	

주방 자재는 예산과 내구성을 종합적으로 고려해 선택해야 합니다. 상판의 경우 예산이 충분하다면 세라믹이나 엔지니어드 스톤(칸스톤)이 가장 이상적입니다. 이 소재들은 열과 스크래치에 매우 강해 오염이나 변형 걱정 없이 사용할 수 있습니다. 반면 합리적인 가격으로 천연석의 느낌을 내고 싶다면 하이엔드 인조 대리석인 '오로라' 시리즈가 훌륭한 대안이 됩니다. 실제 대리석과 흡사한 패턴을 구현하면서도 가공이 용이해 가성비가 뛰어납니다.

가구 도어는 소재에 따라 분위기가 달라집니다. 우레탄 도장이나 건식 무늬목은 색감 표현이 자유롭고 고급스럽지만 비용이 높습니다. 이에 대한 실용적인 선택지로는 무광 PET 소재가 적합합니다. 특히 최근 사용되는 '제로 조인트' 등급의 PET는 모서리 이음매가 없고 지문이나 오염에 강해 관리가 매우 편리합니다. 경첩과 레일 같은 하드웨어는 가구의 수명을 좌우하는데, 오스트리아산 블룸(Blum) 제품이 내구성과 사용감이 탁월하나 예산에 맞춰 검증된 국산 브랜드를 사용하는 것도 합리적인 방법입니다.

싱크볼과 후드는 기능성에 중점을 두어야 합니다. 싱크볼은 스크래치 방지 코팅과 소음 저감 패드가 부착된 엠보싱 사각 싱크볼(깜뽀르테 등)을 선택하면 유지 관리가 수월합니다. 후드는 주방 구조에 따라 선택지가 나뉩니다. 대면형 주방에서 시야 개방감을 원한다면 후드 기능이 포함된 일체형 인덕션이나 다운 드래프트 후드 같은 특수 기기를 고려할 수 있고, 일반적인 구조라면 장속에 들어가는 매립후드나 흡입력이 좋은 침니형 후드를 선택하는 것이 효율적입니다.

⑤ 욕실 자재

(단위: 평, 헤베, 미터 등 / VAT 별도)

구분	종류	제품 및 특징	금액	체크
욕실 자재	타일 (헤베)	포세린 타일(600x600, 600x1200 사이즈)	유럽산 4~10만 원	
		포세린 타일(600x600, 600x1200 사이즈)	중국산 2~4만 원	
		모자이크 타일(200x200, 150x150 사이즈) - 작은 크기로 포인트 벽면에 사용. 시공 어렵고 비용이 더 나감	2~5만 원	
		폴리싱 타일(600x600 사이즈) - 유광 타일	3~7만 원	
	도기	원피스 양변기 - 물통과 변기 일체형	40만 원대	
		투피스 양변기 - 물통과 변기 분리형	30만 원대	
		비데 일체형 - 물통 없고 비데 통합된 형태	80~150만 원	
		탑볼 세면대	20만 원대(개당)	
		액상 아크릴 세면대 - 호텔, 백화점 타일, 세면대처럼 제작가능	50~150만 원	
		스탠딩 세면대 - 바닥부터 올라온 형태(액상 아크릴로 제작 가능)	50~100만 원	
		쿠세라 세면대 - 좁은 공간에 적합. 화장실이 넓어 보이는 효과	20만 원대	
		일반 세면대 - 배관이 가려지는 장점(직각, 원형 디자인)	20만 원대	
	욕조 /파티션	프리스탠딩 욕조	200~300만 원	
		매립 욕조	30만 원대	
		조적 욕조	100~150만 원	
		조적 파티션	50만 원	
		샤워 부스	50만 원	

욕실 자재	수전 및 기타	매립 수전/매립 샤워기	자재 20~50만 원 설비 50~100만 원	
		젠다이 - 상부장 설치 필수	50만 원	
		휴젠트 팔레트 - 온도 조절, 블루투스 기능의 환풍기 시스템	30~80만 원	
		매립 휴지걸이	20만 원	
	시공비용	욕실 인테리어 총비용(1칸 기준)	300~1,000만 원	
		욕실 1칸(기본형, 300x600, 올철거) - 젠다이 포함. 벽은 주로 도기질 타일	약 400만 원	
		욕실 1칸(포세린 타일, 600x600) - 바닥과 벽을 같은 타일로 시공	약 500만 원	
		욕실 1칸 - 매립 수전 추가	약 600만 원	
		욕실 1칸 - 조적 파티션 또는 조적 욕조 추가	약 700만 원	
		욕실 1칸 - 고급 옵션 총합	약 1,000만 원	

　　욕실의 완성도는 타일과 줄눈의 선택에서 시작됩니다. 고급스러운 호텔 분위기를 원한다면 600각 이상의 대형 포세린 타일을 사용하는 것이 좋습니다. 타일 규격이 클수록 줄눈 라인이 줄어 공간이 확장되어 보이고 청소가 용이하기 때문입니다. 이때 줄눈재로 일반 시멘트 대신 에폭시 소재를 선택하면 수분 흡수를 막아 곰팡이 방지에 탁월하며 반영구적인 내구성을 기대할 수 있습니다. 바닥 타일은 물기가 있어도 안전하도록 표면이 거친 논슬립 제품을 선택하는 것이 필수입니다.

　　도기와 수전은 예산과 환경에 맞춰 전략적으로 선택해야 합니다. 세면대는 이음매가 없어 관리가 편하고 조형미가 뛰어난 액상 아크릴 소재나, 타일과 통일감을 주는 조적 세면대가 심미적으로 우수합니다. 수전은 벽체 안에 배관을 숨기는 매립 수전이 가장 미니멀하고 청소가 쉽지만, 시공 비용을 고려한다면 물자국이 덜 보이는 무광 니켈 소재의 일반 수전이 합리적인 대안입니다. 천장은 이음매 없는 이노솔이나 도장 마감이 깔끔하지만, 비용이 만만치 않으니 평면형 SMC 천장에 제습 기능을 갖춘 고성능 환풍기를 조합해도 좋습니다.

⑥ 기타 마감재 및 설비

(단위: 평, 헤베, 미터 등 / VAT 별도)

구분	종류	제품 및 특징	금액	체크
기타 마감 및 설비	조명	마그네틱 조명	20만 원(미터당)	
		다운라이트	1~3만 원(개당)	
		발목등	5~10만 원(개당)	
		라인 조명	18만 원(미터당)	
		간접 조명	10만 원(3미터 기준, 개당)	
	스위치 / 제어 시스템	융 스위치 - 벽에 목공 되어 있는 경우	개당 20만 원↑ (시공비 포함)	
		일괄 소등 스위치	10만 원	
		스마트 제어 시스템	1,000~3,000만 원(평수나 기능에 따라 옵션 다양)	
	기타	도무스 도어 손잡이	20만 원 (자재 + 시공)	
		수납 붙박이장	20만 원(자 당)	
		현관 벤치 - 디자인에 따라 다름	30~50만 원	
시공비용		아트월 - 곡선, TV 매립, 조명	약 150만 원	
		30평대 공용부 - 벽 목공, 필름, 융스위치 추가	800~900만 원	
		40평대 공용부 - 벽 목공, 필름, 융스위치 추가	1,000~1,200만 원	
		마그네틱 조명 작업 비용 - 목공 및 보강 작업 포함	약 300만 원 (15m 기준)	
		50평대 우물천장 철거 및 시공	약 250만 원	
		확장공사 비용 - 난방, 단열, 창호, 행위 허가 공사 포함	500~700만 원	

조명은 2인치 다운라이트와 라인 조명을 활용해 천장의 선을 깔끔하게 정돈하는 것이 기본입니다. 비싼 수입 조명? 굳이 필요 없습니다. 국산 가성비 매립등을 쓰더라도 '위치'와 '색온도'만 잘 설계하면 갤러리 같은 분위기가 납니다. 조명 기구에 쏟을 돈을 아껴 조명 배선 설계에 투자하세요. 그것이 가성비 있게 공간을 고급스럽게 하는 비결입니다.

인테리어의 완성도는 매일 손끝에 닿는 스위치, 수전, 손잡이와 같은 마감재의 디테일에서 판가름 납니다. 하루에도 수십 번씩 사용하는 이 작은 요소들은 단순한 소모품이 아니라, 공간의 분위기를 결정짓는 중요한 포인트입니다. 눈에 보이지 않는 가구 경첩 하나까지 내구성이 검증된 하드웨어는 사용할수록 돈의 값어치를 한다는 것을 느낄 수 있습니다.

선택 장애를 극복하는 3원칙

인테리어 자재 선택은 초보자에게 가장 큰 고민입니다. 예쁜 자재는 너무 많고, 잘못 고를까 걱정도 큽니다. 하지만 몇 가지 기준만 잡으면 선택은 훨씬 쉬워집니다.

① 취향과 예산을 먼저 정하기

인테리어는 내 취향을 아는 것에서 시작합니다. 자재도 마찬가지입니다. 또 예산부터 먼저 정하면 선택지는 더 좁혀집니다. 전체를 고급으로 갈 필요는 없습니다. 필요한 부분만 포인트를 주어도 충분히 고급스러운 분위기를 만들 수 있습니다.

② 디자인보다 실용성과 내구성

디자인은 금방 익숙해지고 무뎌지지만, 실용성과 내구성은 매일 마주치는 부분이다 보니 선택에 신중해야 합니다. 욕실은 관리가 편하고 미끄러질 위험이 적은 소재로, 주방 상판은 가구와 조화를 살피며 가격 대비 내구성에 포인트를 두고 고르면 됩니다.

유행 아이템은 매력적이긴 하지만 단점도 분명합니다. 가성비 자재는 초기 비용을 크게 아낄 수 있지만 시간이 지나면서 벌어짐, 찍힘, 오염 등 하자가 쉽게 생길 수 있으며 오히려 나중에는 추가 비용을 발생시키는 경우도 많습니다.

③ 선택 전 실물·재고 확인

모든 자재를 다 눈으로 보고 고를 순 없지만, 가능하면 실물을 직접 보고 결정합니다. 화면에서 보는 것과 실제는 질감, 광택에서 크게 다릅니다. 마지막으로 가장 중요한 것은 재고 확인입니다. 아무리 마음에 드는 자재라도 재고가 없으면 사용할 수 없고, 꼭 써야겠다면 일정 전체가 흔들립니다. 선택 즉시 재고 체크해야 합니다.

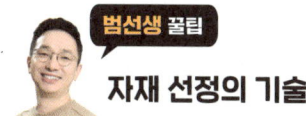

범선생 꿀팁

자재 선정의 기술

1. 벽은 '내구성'에 투자
보기엔 도장(페인트)이 우아하지만 관리가 까다롭습니다. 내구성은 단연 필름입니다. 긁힘과 오염에 강해 유지 관리가 압도적으로 쉽습니다. 오래 살 집이라면 도배 대신 필름 마감에 힘을 주세요.

2. 바닥은 '라이프스타일'대로
최고급 원목마루는 예쁘지만 찍힘과 습기에 취약합니다. 아이나 반려동물이 있다면 찍힘 걱정 없는 'SPC 마루(에디톤)'가 정답입니다. 무난한 가성비를 원한다면 '강마루'가 가장 합리적인 선택입니다.

3. 욕실은 '크기'가 곧 품격
자잘한 타일 대신 600각 이상의 대형 포세린은 줄눈이 줄어 공간이 1.5배 넓고 고급스러워 보입니다. 여기에 '젠다이(선반)'를 시공해 수납과 편의성을 동시에 잡는 것이 요즘 욕실의 국룰입니다. 욕실은 전체 철거가 기본처럼 느껴지지만, 벽 상태가 좋다면 덧방도 가능합니다. 현장 상황에 따라 디자이너와 조율하면 됩니다.

가구 미팅에서 하는 일

가구 미팅은 죽은 공간을 수납으로 살려내고, 생활의 동선을 완성하는 단계입니다. 현관 신발장부터 주방 아일랜드, 침실 붙박이장까지, 집안의 모든 벽면을 어떻게 채우고 비울지 결정하는 시간입니다.

먼저, '라인(Line)과 칼각'의 완성입니다. 냉장고, 식기세척기 등 가전제품의 정확한 모델명에 맞춰 1mm의 오차 없는 빌트인(Built-in) 핏을 구현해야 합니다. 튀어나옴 없이 벽처럼 매끈하게 떨어지는 라인 만들기가 기술입니다.

둘째, '라이프스타일을 고려한 맞춤 설계'입니다. 주방 아일랜드는 조리 동선과 식사 공간을 고려해 앞뒤로 수납을 짤지 결정하고, 신발장은 하부를 띄워(행잉형) 자주 신는 신발을 정리할지, 벤치장을 넣어 편의성을 높일지 논의합니다.

마지막으로, '소재와 예산의 밸런스'입니다. 모든 곳을 고급 소재나 맞춤 가구로 채우면 예산은 통제 불능이 됩니다. 따라서 디자이너와 함께 힘을 줄 곳(보이는 곳)과 힘을 뺄 곳을 명확히 구분하여 예산 내에서 최상의 효율을 찾아야 합니다.

MEMO

2장

공사
단계별
진행

집의 레이아웃에 대해 깊이 고민하고, 어떤 자재를 사용할지 선택했고, 가구를 어디까지 짜서 넣을지 결정했다면 이제 공사를 시작합니다. 이 공사는 ① 철거, ② 설비와 전기, ③ 창호, ④ 목공, ⑤ 타일, 필름, 도장, 도배, ⑥ 바닥재 및 도어, ⑦ 조명 및 가구, ⑧ 입주 청소, 하자 보수, 실링 작업 순으로 이뤄집니다.

1. 철거

철거는 단순히 부수는 과정이 아니라 드라마틱한 레이아웃을 실현하기 위한 가장 중요한 시작점입니다. 사람 살던 집이 앙상한 콘크리트 골조만 남는 데 드는 시간은 불과 하루 이틀입니다.

내력벽과 비내력벽 구분

인테리어 계약 시 확장 여부를 가장 먼저 결정하게 되는데, 이때 철거 가능한 벽과 불가능한 벽을 구분하는 것이 가장 중요합니다. 집 전체를 지탱하는 뼈대인 내력벽은 철거가 절대 불가능하며, 두드리면 '꽉 찬 돌덩이 소리'가 납니다. 반면, 공간 분할을 위한 벽체인 비내력벽은 철거가 가능하며, 두드리면 '통통 빈소리'가 납니다. 간혹 인테리어 업체가 괜찮다며 내력벽을 무단으로 건드리는 경우가 있습니다. 이는 불법일 뿐 아니라 건물 안전을 위협하는 최악의 부실 공사입니다.

부위별 철거 포인트

30~40년이 넘은 아파트는 내부의 목재, 석고보드, 배관 등이 모두 노후화되어 살릴 수 있는 것이 거의 없습니다. 따라서 기초부터 튼튼한 집을 만들기 위해서는 골조만 남기고 전부 철거하는 것이 하자를 예방하는 길입니다.

공사일정표

○○동 □□ 아파트 (000동 1111호) 31PY			공사내용	비고
1	10월 16일(공사시작)	수요일	마루 철거 및 쌘딩	
2	10월 17일	목요일	철거	
3	10월 18일	금요일	철거	
4	10월 19일	토요일		
5	10월 20일	일요일		
6	10월 21일	월요일	설비	
7	10월 22일	화요일	에어컨 설비	
8	10월 23일	수요일	창호/목자재 양중	
9	10월 24일	목요일	전기/목공	
10	10월 25일	금요일	창호	
11	10월 26일	토요일		
12	10월 27일	일요일		
13	10월 28일	월요일	목공	
14	10월 29일	화요일	목공	
15	10월 30일	수요일	목공	
16	10월 31일	목요일	현장정리 / 타일 양중	
17	11월 1일	금요일	타일	
18	11월 2일	토요일		
19	11월 3일	일요일		
20	11월 4일	월요일	타일	
21	11월 5일	화요일	타일	
22	11월 6일	수요일	현장정리	
23	11월 7일	목요일	도기세팅 / 세라믹탄성	
24	11월 8일	금요일	필름	
25	11월 9일	토요일		
26	11월 10일	일요일		
27	11월 11일	월요일	필름	
28	11월 12일	화요일	도배	
29	11월 13일	수요일	도배	
30	11월 14일	목요일	도배	
31	11월 15일	금요일	전기	
32	11월 16일	토요일		
33	11월 17일	일요일		
34	11월 18일	월요일	에어컨	
35	11월 19일	화요일	바닥	
36	11월 20일	수요일	가구	
37	11월 21일	목요일	가구	
38	11월 22일	금요일	가구	
39	11월 23일	토요일		
40	11월 24일	일요일		
41	11월 25일	월요일	중문 / 현장정리	
42	11월 26일	화요일	입주청소	
43	11월 27일	수요일	마감1(실리콘)	
44	11월 28일	목요일	마감2(최종마감)	
45	11월 29일(공사끝)	금요일	촬영	

① 천장 철거

천장이 처져 있거나 인체에 해로운 석면 재질, 혹은 불필요한 몰딩이 많은 경우 천장을 완전히 철거하고 평탄화 작업을 해야 시스템 에어컨 매립 공간이나 간접 조명 라인을 확보할 수 있습니다.

② 욕실 철거

욕실은 전체 철거와 부분 철거(덧방)로 나뉩니다. 가급적 기존 타일을 모두 뜯어내고 방수 공사를 새로 하는 전체 철거 방식을 권장합니다.

③ 바닥 및 확장부 철거

확장을 진행할 때는 베란다 바닥을 철거하여 난방 배관을 연결해야 합니다. 현관 바닥의 경우, 기존 타일 위에 여러 번 덧방 시공이 되어 있어 단차가 생겼다면 반드시 모두 철거하여 레벨을 맞춰야 합니다.

철거

소음 민원과의 전쟁

철거는 리모델링 공정 중 가장 소음이 심한 단계로, 이웃 민원으로 인해 공사가 중단될 수 있는 리스크가 큽니다. 숙련된 기술자들은 철거 시 수도 배관 이설, 온수 분배기 이동 등 설비 작업을 동시에 진행하여 공사기간을 단축하고 완성도를 높입니다. 범위(벽면, 천장, 문틀, 가구 등)와 아파트 컨디션에 따라 철거 비용이 다르지만, 일반적인 30평대 기준으로 약 500~600만 원 내외로 발생합니다.

범선생 꿀팁

쓰레기도 '돈'이고 '타이밍'

1. 턴키의 법칙: '모아서' 버리는 것이 기술

30평대 올수리 기준 1톤 트럭 3~5대는 기본입니다. 폐기물 트럭은 한 번 부를 때마다 비용(운임+처리비)이 발생합니다. 매일 조금씩 치우면 그 비용은 고스란히 고객의 견적 상승으로 이어집니다. 보통 철거 직후, 목공, 타일 후, 마감 전 등 3~4번 타이밍을 맞춰 꽉 채워 보내는 것이 비용을 아끼는 노하우입니다.

2. 셀프의 고충: '분리' 못 하면 돈 더 낸다

셀프 인테리어라면 'PP 마대'와 친구가 되어야 합니다. 콘크리트(불연성)와 나무(가연성), 잡동사니를 분리해야 비용을 아낍니다. 무엇보다 제때 안 치우면 다음 공정 기술자가 "발 디딜 곳 없다"며 작업을 거부하고 돌아가는 대참사가 발생합니다. 이럴 때 '턴키를 할 걸~' 하는 후회가 몰려듭니다. 하지만 이 골치 아픈 '쓰레기 전쟁'을 잘만 치르면 비용 절약으로 고스란히 보상받습니다.

2. 설비와 전기

설비와 전기는 집의 보이지 않는 혈관과 신경입니다. 시멘트와 목공으로 덮고 나면 손대고 싶어도 못하고 큰 대가가 따릅니다. 그 전에 완벽히 작업해 두어야 누수와 전기 과부하 같은 하자를 예방하고, 동선에 최적화된 편리한 생활공간을 완성할 수 있습니다.

설비 공사

구축 아파트일수록 예쁜 마감보다 중요한 것이 보이지 않는 곳의 노후된 배관을 교체하고 위치를 조정하는 일이 필요합니다.

① 배관 전면 교체

누수 위험이 큰 노후 동관이나 PPC 배관(노란색)을 내구성이 강한 하얀색

난방 배관을 깐 후 시멘트 도포

엑셀(XL) 배관으로 전면 교체해야 안전합니다.

② 온수 분배기 이설 및 교체

거실이나 싱크대 밑의 분배기를 최적의 위치로 이동시키거나 디지털 제어가 가능한 최신형으로 교체하기도 합니다.

③ 장거리 배수 및 수도 이설

대면형 아일랜드 주방이나 드레스룸 내 세탁실 신설을 위해 수도 · 배수 배관을 10m 이상 연장하며, 물이 원활히 흐르도록 정교한 구배(기울기)를 잡는 것이 기술입니다.

④ 매립 설비

호텔 같은 욕실을 위해 세면기와 샤워기 수전을 벽 안으로 매립하고 싶은 경우 매립을 위한 밑작업을 이때 진행합니다.

전기 공사

가전제품의 사용 위치에 맞게 전기선을 배치하고 조명 제어 방식을 고려하여 배선 작업을 합니다.

① 가전 전용 단독 배선

인덕션이나 시스템 에어컨처럼 전력 소모가 큰 가전은 과부하를 막기 위해 반드시 단독 차단기와 전용 배선을 확보합니다.

② 까대기(이설 및 증설)

콘크리트 벽면을 타공하여 콘센트와 스위치를 신설합니다. 주로 침대 헤드, 로봇 청소기 수납장 내부, 아일랜드 측면 등에 설치합니다.

③ 회로 분리

간접등, 다운라이트, 포인트 조명 등을 개별적으로 제어할 수 있도록 회로를 나누는 작업입니다. 조명을 한꺼번에 켜지 않고 필요한 곳만 끄고 켤 수 있어 전기료 절감을 위해서도 꼭 필요한 작업입니다.

④ 스마트홈 및 고급 스위치 밑작업

융(JUNG) 스위치나 구글 네스트(Google Nest) 온도 조절기 같은 특수기기를 설치할 경우 전용 매립 박스를 심고 통신 배선(UTP)을 이때 미리 완료합니다.

에어컨·전기 배관들이 제 위치를 잡아가고 있는 모습

철거·설비 단계 확인사항

구조 변경이나 확장이 포함될 경우, 비내력벽 철거와 베란다 확장은 구청 행위허가와 사용승인을 반드시 거쳐야 합니다. 화장실 이동이나 증설 공사는 여기에 더해 아래층 세대의 동의까지 필요하므로 사전 확인이 필수입니다.

배관 공사 특히, 분배기나 매립 수전처럼 시공 후 시멘트로 덮이는 배관들은 공사가 끝나면 확인할 수 없기 때문에, 배관위치를 사진으로 남겨 두어야 합니다. 또한 엑셀 배관 교체 시에는 견적서에 명시된 제품과 실제 시공된 자재가 동일한지 반드시 확인해야 합니다.

방수 공사는 설비 이후 즉시 진행되는 핵심 공정입니다. 화장실은 기존 마감을 철거한 뒤 바닥 방수를 새로 하고, 배관 결속 부위까지 꼼꼼히 점검해야 하며, 우수관 주변 역시 역류를 고려한 정밀 방수가 필요합니다.

단열공사

쾌적한 주거를 위해 보호막을 입히는 공사입니다. 특히 1층이나 꼭대기 층, 확장 구간은 에너지 효율을 극대화하기 위한 고성능 단열이 필수입니다.

① 다중 단열 시공

외벽 면에 아이소핑크(50t), GCS 보드, 우레탄폼 등을 2~3중으로 덧대고 틈새를 완벽히 밀폐하여 결로와 곰팡이를 근본적으로 차단시킵니다.

② 특수 단열 페인트

필요에 따라 기능성 페인트(온새미로 등)를 활용하면 좁은 공간에서도 얇지만 확실한 단열 및 결로 예방 효과를 거둘 수 있습니다.

시스템 에어컨 선배관

시스템 에어컨 선배관 작업도 이때 완료됩니다. 목공으로 천장을 덮기 전 냉매 배관과 배수관(드레인)을 미리 매립하는 공정입니다. 에어컨 설치에 필요한 최소 높이(약 17cm)를 확인하고, 공간이 부족할 경우 목공을 통해 부분적으로 천장을 내리는 단내림 작업을 병행합니다.

어지럽던 배관과 전기선이 목공으로 가려진 모습

업체가 잠수 탔을 때

---

1. 돈줄 끊고 증거 확보

중도금 날짜라도 연락이 안 되면 절대 입금하면 안 됩니다. 즉시 현장을 방문해 공사가 멈춘 상태를 사진과 영상으로 남기고, 사무실 존재 여부를 눈으로 확인해야 합니다.

2. 소송의 불편한 진실

"소송하면 돈은 받을 수 있나요?" 냉정히 말해 승소는 쉽지만, 돈을 돌려받는 것은 어렵습니다. 민사 소송은 최소 6개월이 걸리고, 그사이 업체가 폐업하거나 재산을 빼돌리면 판결문은 휴지 조각이 됩니다. 하자이행보증증권(보험)이 없다면 사실상 돈을 받기는 힘듭니다.

3. 최선은 '빠른 손절'

연락을 기다리며 시간 낭비하지 말고, 즉시 내용증명을 보내 계약 해지를 공식 통보하고, 다른 업체를 구해 남은 공사를 마무리하는 것이 이사 일정과 정신적 피해를 줄이는 유일한 길입니다. 억울하지만, 멈춰버린 현장을 빨리 돌리는 것만이 현실적으로 돈을 아끼는 방법입니다.

3. 창호

창호 공사는 인테리어의 '외투'를 입히는 것과 같습니다. 내부를 아무리 고급스럽게 해도 외투가 부실하면 온기를 유지할 수 없으므로 브랜드 네임보다는 내 집 구조에 맞는 정교한 시공과 단열 마감에 집중해야 합니다.

창호 공사 과정

창호 공사는 인테리어 공정 중 비용 비중이 가장 크며, 집의 단열과 방음에 직접적인 영향을 미치는 핵심 과정입니다. 단순히 창을 교체하는 것을 넘어 기초 설비와 마감 작업이 정교하게 맞물려야 합니다.

① 사전 실측 및 계획

가장 먼저 각 창의 가로, 세로 사이즈를 정확히 측정하고, 단창으로 할지 이중창으로 할지 결정합니다. 주상복합의 경우 기존 창을 뜯을 수 없어 '덧방 시공'을 해야 하므로 이에 맞는 설계를 진행합니다.

② 철거 및 면 정리

기존 창호를 철거할 때는 콘크리트 외벽이 손상되지 않도록 주의해야 하며, 철거 후에는 우레탄폼이 잘 밀착될 수 있도록 면을 깨끗하게 정리합니다.

③ 양중(운반)

사다리차를 이용해 창호를 올리는 것이 일반적이지만, 고층이거나 사다리 진입이 어려운 경우 엘리베이터로 운반하기 위해 창을 쪼개서 제작하거나 윈치(도르래) 장비를 사용하기도 합니다.

④ 틀 설치 및 수평 작업

새 창틀을 끼우고 수평과 수직을 완벽하게 맞춥니다. 하부 처짐을 방지하기 위해 과거의 고무 괴임 대신 PVC 소재 등을 사용하여 단단히 고정합니다.

⑤ 단열 및 코킹 작업

창틀과 벽 사이 빈틈을 우레탄폼으로 꼼꼼히 채워 단열을 잡고, 외부는 빗물이 스며들지 않도록 외부 전용 실리콘(코킹)으로 완벽하게 밀폐해야 합니다.

⑥ 마감 작업

거주 중인 집은 창호와 세트로 나오는 몰딩으로 마감하며, 올수리 현장에서는 목공 작업을 통해 프레임을 감싸 '빌트인 창호'처럼 깔끔하게 연출하거나 창호 하단에 타일을 붙여 마무리합니다.

창호 양중

브랜드별 가격 차이 및 특징

브랜드와 창호의 종류에 따라 견적 금액은 크게 달라집니다.

① 브랜드별 차이

LX하우시스가 가장 고가이며 본사 직영 시공 시 10년 보증을 제공합니다. KCC나 영림 등 타 브랜드는 LX 대비 약 10~20% 정도 저렴하게 시공이 가능하여 가성비를 고려할 때 선택됩니다.

② 종류별 차이

일반 미닫이창보다 밀폐력이 뛰어난 시스템 창호는 가격이 약 1.5~2배 정도 비쌉니다. 예를 들어, 확장부에 주로 쓰이는 LX 뷰프레임 250 이중창보다 시스템 창호가 약 20% 정도 더 높은 금액대를 형성합니다.

③ 옵션에 따른 차이

단열 성능을 높여주는 '슈퍼 로이 유리'를 적용할 경우, 전체 창호 비용에서 약 15% 내외의 추가 비용이 발생합니다.

창호 공사 시 주요 주의사항

① 관리소 및 법적 규제 확인

아파트 외관의 통일성을 위해 외부 프레임 색상을 규제하는 경우가 많습니다. 이를 어기면 물건 반입 자체가 금지될 수 있으므로 사전에 반드시 확인해야 합니다.

② 구조적 한계 파악

주상복합의 '커튼월' 창호는 철거가 불법이거나 불가능하므로 반드시 기존 창 위에 덧방 시공을 해야 하며, 이때 유리를 쪼개는 분할 선이 기존 창과 맞아야 시야가 확보됩니다.

③ 난간대 교체 여부

오래된 구축 아파트는 창호를 뜯을 때 난간대가 창과 일체형인 경우가 많아 난간대 교체 공사가 병행되어야 할 수도 있습니다.

④ 누수 방지 기초

구축 아파트의 경우 콘크리트 자체가 노후되어 실리콘만으로는 누수를 잡기 어려울 수 있습니다. 이때는 스테인리스 '갈바' 시공을 통해 물리적으로 물길을 차단하는 것이 확실한 방법입니다.

범선생 꿀팁

이런 경우는 조심하세요

"창호 교체 이틀 걸려요." 숙련된 팀은 40평대 기준으로도 하루 만에 철거, 시공, 양중을 끝내기도 하지만, 보통 평수가 넓으면 코킹 작업이 다음 날까지 이어질 수 있습니다.

외부 실링 작업이 누락되어 있다면 누수 위험이 큽니다. 누수 방지는 시공사의 책임입니다. 실링 포함 작업, 개구부와 창틀 사이에 우레탄폼이 빈 공간 없이 꽉 채워져 있는지 꼭 확인해야 합니다. 비어 있을 경우 단열 성능이 떨어집니다.

4. 목공

목공은 인테리어 마감의 완성도를 결정짓는 가장 중요한 공정입니다. 고르지 않은 벽면을 수직·수평으로 반듯하게 잡아주어 이후 시공될 필름, 도배, 가구가 완벽하게 자리 잡을 수 있는 최상의 바탕을 만드는 일입니다.

목공의 역할

울퉁불퉁한 콘크리트 벽면을 완벽한 수직과 수평의 면으로 재탄생시키는 작업입니다. 이 과정이 선행되어야만 몰딩이나 걸레받이 없는 미니멀한 '무몰딩' 디자인이 가능해지며, 샤시의 두꺼운 프레임을 벽 안으로 숨기는 등 정교한 라인 정리가 이루어집니다. 목공으로 깨끗하게 다듬어진 면 위에서 비로소 인테리어 필름이나 프리미엄 벽지 같은 마감재가 제 빛을 발할 수 있습니다.

시공 과정

목공은 철거와 설비 공사가 끝나면 투입되어 천장과 벽면의 틀을 잡는 일부터 시작합니다. 처진 천장을 철거하고 수평을 맞춘 뒤, 시스템 에어컨 매립을 위한 단내림이나 라인 조명이 들어갈 홈을 미리 제작합니다. 또한 융(JUNG) 스위치나 매립 콘센트 위치를 타공하고, 마감재의 수축과 팽창을 고려해 이음매를 처리하는 등 보이지 않는 디테일까지 챙깁니다. 보통 3~7일 내외가 소요되며, 숙련된 목수들의 손끝에서 집의 골격이 반듯하게 완성됩니다.

도어와 가구의 구조적 통합

목공 기술의 정수는 '히든도어'와 '맞춤형 구조물'에서 드러납니다. 문틀을 벽 속에 숨겨 벽과 문이 하나로 이어지게 만들거나, 문 높이를 천장까지 올려 개방감을 주는 스텝도어는 정교한 목공 없이는 불가능합니다. 또한 TV 박스,

목공 과정과 목공으로 구현한 둥근 벽· TV 매립 완성 모습

침대 헤드, 윈도우 시트 등을 벽체와 일체형으로 제작하여 가구가 아닌 집의 일부처럼 보이게 합니다. 기성 가구로는 구현하기 힘든 곡선 디자인이나 전기 배선 매립까지 자유롭게 가능해 공간의 완성도를 높입니다.

비용과 가치

목공은 인건비와 자재비가 많이 드는 공정이지만, 그만큼 확실한 시각적 차이를 만들어냅니다. 30평대 아파트 기준으로 벽면 전체 목공과 필름 시공을 선택할 경우, 일반 도배 마감 대비 약 600~1,000만 원 이상의 추가 비용이 발생할 수 있습니다. 하지만 완벽한 라인 정리와 고급스러운 마감을 원한다면 목공은 결코 타협할 수 없는 가장 가치 있는 투자가 될 것입니다.

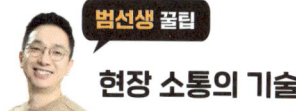

범선생 꿀팁

현장 소통의 기술

---

1. 빈손 방문은 금물, 음료수는 '전략'

먼지 속에서 일하는 사람에게 건네는 커피 한 잔. 얼마 안 하지만 효과는 강력합니다. '내가 당신의 고생을 안다'는 무언의 인정, 그 정서적 교감이 기술자로 하여금 나사 하나를 더 꽉 조이게 만듭니다.

2. 어설픈 지식으로 '지적질'은 금물

유튜브 몇 개 보고 와서 전문가를 가르치려 들지 말아야 합니다. "이거 틀렸잖아요!"라고 따지는 순간 그들은 입을 닫고 방어적으로 변합니다. "소장님, 이건 어떤 의도인가요?"라고 물으면 알아서 더 좋은 방법을 찾아옵니다. 싸우지 말고 그들의 기술을 이용하세요.

3. '공짜 디테일' 얻는 방법

"수고하십니다" 대신 결과물을 칭찬합니다. "와, 타일 라인이 예술이네요!" 이 한 마디면 기술자는 신이 나서 보이지 않는 구석까지 챙깁니다. 기술자를 춤추게 만들면 그 혜택은 고스란히 내 집의 퀄리티로 돌아옵니다.

5. 타일, 필름, 도장, 도배

타일과 도배 공사는 시멘트 작업과 목공으로 반듯해진 평면 위에 최종적으로 옷을 입히는 단계입니다. 방수를 비롯해 밑작업이 무엇보다 중요합니다. 퍼티와 샌딩으로 면을 매끄럽게 다듬어야 자재가 가진 물성 그 이상의 하이엔드 퀄리티가 나옵니다. 작업 효율과 오염 방지를 위해 습식에서 건식 순서로 진행합니다. 물과 시멘트를 사용하는 타일 공사를 먼저 하여 충분한 양생 시간을 확보해 두고, 이후 필름 → 도장 → 도배 공사 순으로 마무리하는 것이 일반적입니다.

욕실 공사

타일 공사

꼼꼼한 방수 작업 후 타일 공사를 진행합니다. 요즘 트렌드는 600×600각을 넘어 600×1200각 이상의 대형 타일입니다. 타일의 대형화 추세는 줄눈 라인이 최소화되어 공간이 넓어 보이고 관리가 용이하기 때문입니다.

고급스러움을 더하기 위해 타일 모서리를 45도로 깎아 맞추는 졸리컷이 대세입니다. 졸리컷 시공 시에는 코너 깨짐을 방지하기 위해 일반 시멘트가 아닌 에폭시 줄눈(이지폭시)을 채워야 내구성이 확보됩니다. 욕실 바닥은 물이 잘 빠지도록 물구배(경사도)를 정교하게 잡는 것이 핵심입니다.

필름 공사

필름은 매우 예민한 자재이므로 벽면에 MDF 목공 작업이 완벽히 되어 있어야 합니다. 목재 이음매가 터지지 않도록 '아크릴 퍼티 → 핸디코트(퍼티) → 프라이머(접착제) → 샌딩' 순의 철저한 밑작업 후 필름을 부착합니다.

필름은 도배보다 내구성이 강해 걸레받이 없이 시공하는 하이엔드 마감에 적합하지만, 필름 한 롤의 길이가 정해져 있어 시공 방식(겹침, 고랑 파기 등)에 따라 이음매 디테일이 달라지는 점을 사전에 숙지해야 합니다.

도장 공사

도장은 면의 굴곡이 그대로 드러나므로 목공 작업 후 2~3중의 퍼티와 샌딩을 통해 면을 거울처럼 매끄럽게 잡아야 합니다. 일반적인 뿜칠 외에도 발페인트(발레나) 같은 스페셜 페인트는 붓 터치감을 살려 유럽풍의 고급스러운 질감을 낼 수 있습니다. 다만 도장은 필름에 비해 스크래치나 손때 오염에 취약하므로 유지관리 측면을 고려해야 하며 밑작업 인건비로 인해 비용이 가장 높습니다.

필름으로 마감한 공용부

도배 공사

벽면이 고르지 않은 구축의 경우 꼼꼼한 퍼티 작업을 통해 수직·수평을 잡아야 날카로운 코너 각이 살아납니다. 일반 실크 벽지보다 두껍고 엠보가 깊은 LX 디아망 같은 프리미엄 벽지를 사용하면 벽의 울퉁불퉁한 단점이 가려지므로 마감 퀼리티가 높아집니다.

특히 '포티스' 라인은 내구성이 좋아 걸레받이 없이도 시공이 가능합니다. 도배지는 종이 소재이므로 시공 후 조명이나 가구 설치 시 찍히거나 찢어지지 않도록 각별히 주의해야 합니다.

도배와 바닥 공사

6. 바닥재, 도어

바닥재 및 도어 공사는 집의 수평과 수직 라인을 최종적으로 정리하여 공간의 개방감과 마감 퀄리티를 결정짓는 핵심 공정입니다. 수평과 수직을 얼마나 정교하게 맞췄느냐가 고급스러움을 좌우합니다.

바닥 자재간 단차 맞추기

바닥재 시공에서 가장 중요한 기술적 요소는 단차 없는 평면을 구현하는 것입니다. 특히 현관 타일과 거실 마루처럼 서로 다른 자재가 만나는 지점을 발에 걸리는 것 없이 1:1로 맞추는 것이 기술입니다. 이를 위해 시공 전 바닥에 수평 몰탈을 치거나 미장 작업을 통해 평활도를 확보하는 밑작업을 선행해야 합니다.

타일 느낌의 강마루를 깐 거실

도어 종류와 시공 방법

① 문선이 있는 도어

투박한 몰딩을 없앤 '슬림 문선'입니다. 9mm는 선을 최소화해 극강의 미니멀함을 주고, 12mm는 두께감을 살려 내구성을 높인 실용적인 대안입니다.

② 문선이 없는 도어(무문선 도어)

문 주변에 문선 몰딩을 없애고 벽면과 도어를 깔끔하게 연결하는 방식입니다. 이를 위해서는 벽면에 목공 작업이 선행되어야 합니다.

③ 히든도어

문짝과 벽면이 1:1로 일치하여 마치 벽처럼 보이도록 만든 도어입니다. 주방처럼 깔끔한 면 정리가 필요하거나 복도의 시각 정보를 줄이고 싶을 때 사용됩니다. 일반 무문선 도어보다 돌출도가 적어 더 비싸고 정교한 목공 작업이 선행되어야 합니다. 문틈으로 빛이 새는 것을 막으려면 코너를 'ㄴ'자로 마감해야 합니다.

④ 스텝도어

벽체에서 한 단을 밀어 넣어 적용하는 도어 디자인입니다. 도어 위쪽 부분을 밀어 넣는 게 포인트이며 벽체의 리듬감을 살려 공간을 다채롭게 보이게 합니다. 공사 시 문틀 윗부분인 '인방'을 철거해도 되는 구조인지, 단위세대평면도를 통한 사전 확인이 필수입니다.

왼쪽 위부터 시계방향으로 9mm 문선, 무문선, 히든도어, 스텝도어, 슬라이딩도어

⑤ 슬라이딩도어

레일이 겉으로 드러나지 않게 천장 안으로 심는 '히든 슬라이딩' 방식을 적용해야 상단 돌출 없이 깔끔하게 마감됩니다.

걸레받이와 손잡이

도배 마감 시에는 청소기 등에 의한 벽면 오염과 손상을 막기 위해 얇은 걸레받이(3~4cm)를 설치하는 것이 실용적입니다. 반면 필름이나 도장으로 마감한 공간은 걸레받이 없는 '무걸레받이' 시공이 가능해져 더욱 미니멀한 연출이 가능합니다. 손잡이 역시 커버가 없는 슬림한 디자인이나 자석 원리를 이용한 레치를 사용하면 선이 더욱 깔끔하게 정돈됩니다.

순서와 주의사항

일반적으로 바닥재를 먼저 시공한 뒤 걸레받이를 고정하고, 그 위에 벽지를 덮는 순서로 진행해야 마감 부위의 실리콘 처리를 최소화하여 깨끗한 결과물을 얻을 수 있습니다. 30년 이상 된 구축 아파트의 경우 바닥 골조 자체가 불균형하거나 노후된 경우가 많으므로, 바닥재를 덮기 전 난방 배관 상태와 기초 수평을 철저히 점검해야 합니다.

도어 시공 시 많이 하는 실수 3가지

1. 유격 계산 누락

문틀에 빈틈없이 맞추려다 문이 닫히지 않거나 바닥에 끌리는 참사가 발생합니다. 상하 10mm와 좌우 7~8mm의 여유 공간을 반드시 빼고 주문해야 합니다.

2. 잘못된 자재 선택

욕실에 일반 목재 도어를 설치했다가 습기에 불어 터지는 경우입니다. 물을 사용하는 공간에는 습기에 강하고 썩지 않는 'ABS 도어' 사용이 필수 공식입니다.

3. 타공 위치 착오

도어 핸들 타공 위치를 대충 잡거나 실측이 5mm만 틀려도 문짝 전체를 폐기해야 할 수 있습니다. 한 번 뚫으면 되돌릴 수 없으므로, 정확한 실측이 중요합니다.

7. 조명, 가구

인테리어 리모델링 공사의 마지막 단계로 실생활의 편리성과 집의 분위기를 완성하는 단계입니다.

이 단계의 공정은 대부분 마감재 시공(도배, 필름, 도장, 바닥재)이 완료된 후 진행되는 준마감 작업입니다.

조명 기구 설치

천장 마감(목공, 도배 등)이 완료된 후, 미리 배선(전기 배선은 목공 때 작업 완료)된 위치에 다운라이트, 라인 조명, 간접 조명을 설치합니다. 메인 등을 없애고 간접 조명을 활용하는 것은 집을 더 넓고 고급스럽게 만드는 키포인트입니다.

미리 배선된 조명과 스위치 자리

왼쪽 위부터 시계방향으로
마그네틱 조명, 라인 조명, 간접등, 펜던트 조명, 다운라이트 조명, 발목등, 별빛 조명

종류	특징	설치 공간	시공 시 유의할 점
다운 라이트	· 1~3인치 사용 · 최근 2인치 이하 선호 · 확산형 / COB(집중형)	거실, 방, 복도	· 간격·배치가 분위기 결정 · 눈부심 방지 각도 고려 필수
간접 조명	· 반사광으로 은은함 · 눈부심 적음	우물천장, 현관장 하부, 커튼박스, 가구 하부, 침대 헤드	· 광원이 직접 보이지 않게 설계 · 단내림 깊이·마감 중요
마그네틱 조명	· 자석 탈부착 방식 · 모듈 조합 자유	거실, 주방, 복도	· 천장 구조에 맞는 레일 사전 계획 · 전기 배선 위치 정확해야 함
라인 조명	· 선 형태 조명 · 폭 약 3cm 슬림	거실, 주방 연결부, 주방	· 천장 절개 정밀도 중요 · 마감 불량 시 하자 발생
별빛 조명 (포인트)	· 소형 다점 배치 · 장식 효과	거실, 방, 복도	· 과도하면 산만해짐 · 메인 조명 보조 역할로 사용
트림리스 조명	· 테두리 없는 매립형 · 천장 일체감	거실, 방, 복도	· 도장 마감과 동시 시공 필수 · 시공 난이도 높음
발목 센서등	· 동작 감지 자동 점등	현관, 복도 하부	· 센서 감도 조절 필요 · 눈높이보다 낮게 설치
가구 내 매립 조명	· 문 열면 자동 점등	붙박이장, 드레스룸	· 센서 위치 중요 · 눈부심 없는 각도 설계
디밍 조명	· 밝기 · 색온도 조절	거실, 침실	· 디밍 스위치 호환 확인 · 회로 분리 설계 필요
IoT 조명 제어	· 앱·음성 제어 · 장면 설정	집 전체	· 초기 세팅 중요 · 통신 방식(와이파이 등) 확인

도기 및 수전 세팅

타일 및 줄눈 시공이 완료된 후 양변기, 세면대, 샤워 수전 등을 설치합니다. 특히 수전과 도기 디자인은 욕실의 퀄리티를 높이는 요소로 금액도 천차만별입니다.

매립수전

도기·수전 세팅

졸리컷으로 마무리한 욕실

가구 설치

벽 마감재(도배 등) 작업이 끝난 후, 붙박이장, 신발장, 주방 가구 등을 설치합니다.

구분	특징 및 장점
아일랜드 수납	- 대면형 아일랜드는 수납공간 확보를 위해 앞뒤로 수납장을 짜는 것이 효율적 - 여닫이보다 서랍이 예쁘고 고급스러운 만큼 가격도 비쌈
도어 핸들 타입	- 핸들 타입(손잡이)이 푸시 타입보다 사용하기 편해 선호 디자인을 해치지 않도록 티가 안 나는 것 선택 - 푸시 타입은 한 번에 열리지 않는 경우가 발생할 수 있음
수납 극대화	- 작은 공간(예: 20cm)도 깨알같이 수납장을 짜넣을 수 있음 - 모서리 죽은 공간을 수납으로 살려내는 것도 가구 설치의 힘

가구 설치

8. 입주 청소, 하자 보수, 실링 작업

고객이 쾌적하게 새집에 입주할 수 있도록 마지막으로 점검하고 청결을 확보하는 단계입니다. 이 단계에서 집의 완성도와 퀄리티가 최종적으로 결정됩니다.

공정 순서 및 시기

최종 마감 단계는 모든 인테리어 작업(조명, 가구, 도기 설치)이 완료된 후 진행됩니다.

① 입주 청소

공사 분진을 제거하기 위해 창호부터 가구 속 안, 바닥까지 전체적으로 청소합니다.

② 실링 및 미비된 마감 작업

청소가 완료되어 깨끗해진 상태에서 미세하게 부족했던 부분들을 실리콘 작업 등으로 마무리합니다.

③ 하자 보수 및 최종 점검

청소를 하고 나야 흠집이나 찍힘 등이 잘 보입니다. 물이 잘 내려가는지, 하수도 막힘은 없는지, 도어가 걸림 없이 잘 열리는지, 난방도 잘 돌아가는지 점검하고 보수합니다.

마감의 완성도를 높이는 실링 작업

실링 작업(실리콘 작업)은 단순히 틈을 메우는 것을 넘어, 완성도를 결정하는 매우 중요한 마감 공정입니다. 입주 청소가 끝난 깨끗해진 상태에서 전체 실링을 해야 하며, 체크리스트를 들고 작업해야 구석진 곳까지 놓치지 않습니다.

이제 다 끝났습니다. 이 마지막 과정까지 완벽히 정리되면 비로소 고객은 새집으로 입주하게 됩니다.

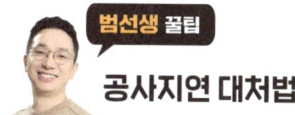

범선생 꿀팁

공사지연 대처법

"며칠 더 걸릴 것 같아요."

이 말에 무조건 화낼 필요는 없습니다. 인테리어는 공산품 조립이 아닌, 수십 명의 기술자가 빚어내는 수작업입니다. 입주 청소 후 발견된 미세한 마감을 잡기 위한 3~4일의 지연은 하자 없는 집을 위한 '숙성의 시간'으로 이해해 주는 아량이 필요합니다.

경계해야 할 '나쁜 지연'은 따로 있습니다. 자금 회전을 위해 여러 현장을 문어발식으로 계약하고 기술자를 돌려막기 하거나, 공정이 비었는데도 연락이 두절되는 경우입니다. 이는 명백한 계약 위반입니다. 이를 구별하는 기준은 '상세 공정표 공유'와 '선제적 소통'입니다. 미리 사유를 설명하고 양해를 구한다면 책임감이지만, 핑계 대며 차일피일 미룬다면 지체보상금을 청구해야 할 '무능'입니다.

하자 발견 시 단계별 실전 대응 매뉴얼

체크리스트를 들고 꼼꼼히 살펴보다가 하자를 발견했다면, 이제는 '협상'의 시간입니다. 감정적으로 화내기보다 논리적으로 대응해야 원하는 결과를 얻을 수 있습니다.

1. 하자의 종류: 이것은 '불량'인가? '특성'인가?

모든 불만족이 하자는 아닙니다. 객관적인 하자와 단순 변심을 구분해야 합니다. 명백한 하자인 기능 불량(누수, 난방 안 됨, 전기 안 들어옴), 계약과 다른 자재 사용, 마감 불량(들 뜸, 깨짐, 찍힘)과 모호한 경계의 자재 고유의 특성(원목 옹이, 천연석 무늬 차이)이나 미세한 이색(빛에 따른 색감 차이)은 하자로 인정받기 어렵습니다. 하지만 시공 전 충분한 고지가 없었다면 소통의 부재를 지적할 수 있습니다.

2. 보수 기준: '부분 보수' vs '전체 재시공' 판단법

하자가 발견됐을 때 무조건 "다 뜯어내!"라고 하면 협상이 결렬됩니다. 피해 범위에 따라 전략적으로 요구해야 합니다.

① 부분 보수

흠집, 찍힘, 실리콘 터짐 등 기능상 문제가 없고 미관만 수정하면 되는 경우입니다. 살면서 언제든 고칠 수 있으므로, 입주 청소 후 한 번에 모아서 요청하는 게 효율적입니다.

② 전체 재시공

기능상 치명적이거나(누수, 배관 막힘), 부분 수정 시 전체 미관을 해치는 경우(타일 단차 심함, 마루 패턴 불일치)입니다. '이건 부분 수정하면 티가 나서 더 보기 싫어진다'는 논리로 전체 재시공을 강력히 요구해야 합니다.

3. 협상 전략: 증거는 객관적으로, 요구는 분명하게

말로만 '이거 이상해요'라고 하면 '원래 그렇습니다'라는 답변만 돌아옵니다. 하자가 발견된 즉시 멀리서 한 장(위치), 가까이서 한 장(상세), 자를 대고 한 장(크기)을 찍는 '3단 콤보' 사진과 동영상을 남기는 것이 가장 확실합니다. 전화보다는 문자나 카카오톡으로 사진과 함께 내용을 보내 '언제까지 어떻게 조치해 주실지 답변 부탁드립니다'라고 마감 기한을 정해두는 것이 중요합니다.

잔금 보류는 가장 강력한 무기입니다. 치명적인 하자가 해결되지 않았다면, 하자 보수가 완료될 때까지 잔금의 일부(약 10~20%)를 보류합니다. 업체가 가장 빠르게 움직이는 동기가 됩니다.

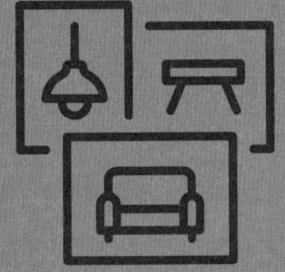

공간의 혁명

1장_ 설비의 법칙

2장_ 선의 법칙

3장_ 빛의 법칙

1장

설비의
법칙

상담 테이블에서 가장 자주 듣는 말이 있습니다.

"우리 집은 구조가 원래 이래서 어쩔 수 없겠죠?"

아닙니다. 이 세상에 '원래 그런 집'은 없습니다. 우리가 당연하게 받아들인 그 불편함은 획일화된 아파트 구조에 너무 오랫동안 길들여진 고정관념일 뿐입니다. 리모델링의 본질은 마감재를 새것으로 교체하는 '수선'이 아닙니다. 라이프스타일에 맞춰 집의 지도를 다시 그리는 '재설계'입니다. "이 벽을 허물수 있을까?", "수도와 배수구를 저쪽으로 옮길 수 있을까?"라는 공학적 질문에서 시작됩니다.

1. 죽은 주방 살리는 ABC 법칙(인쇼 스타일)

구조변경에도 원칙이 필요합니다. 좁은 주방을 무턱대고 튼다고 넓어지지 않습니다. 실패 없는 주방 레이아웃을 위한 절대 공식, 'ABC 법칙'이 있습니다.

A존(수납존)

냉장고, 키큰장 등 부피가 큰 가구를 제일 뒤쪽 정면에 몰아서 배치합니다. 시각적 무게감을 통제해야 공간이 정돈됩니다.

B존(뷰존)

거실에서 바라봤을 때 측면이 되는 벽은 과감하게 비워둡니다. 상부장을 없애거나 선반만 두어 시선을 트이게 합니다.

C존(센터존)

주방의 중심에는 대형 아일랜드 또는 식탁을 배치합니다. 이곳은 요리하고,

식사하고, 대화하는 주방의 중심부입니다.

  이 공식만 지켜도 꽉 막혀 있던 30평대 주방이 50평대처럼 시원하고 효율적인 동선으로 다시 태어납니다.

ABC 법칙이 적용된 주방

2. 화장실 자리에 주방 넣기

거실에서 바라볼 때 돌출된 화장실 때문에 시야가 가리는 구조가 있습니다. 그 돌출된 화장실 자리에 식탁이 놓인다면 얼마나 탁 트여 보일까를 생각하다 실행에 옮긴 흥미로운 사례입니다. 결과적으로 툭 튀어나와 보기 싫었던 화장실이 요리하고 함께 모여 식사하는 생활의 중심 공간으로 재탄생했습니다.

거실 한가운데 돌출돼 있던 화장실과 철거 모습

그렇다면 철거한 화장실은 어디로 옮겨졌을까요? 철거한 화장실은 안방과 건넛방의 일부 공간을 활용하여 다시 만들어졌습니다. 안방, 건넛방의 문을 뒤로 밀어 확보한 공간에 공용 욕실을 신설하고, 안방 화장실의 배관을 가져와 연결하였습니다. 이 과정에서 건넛방은 확장 공사를 통해 넉넉한 수납공간을 갖춘 다목적 공간으로 변신시킬 수 있습니다. 발상을 바꾸면 공간은 획기적으로 변신할 수 있습니다. 화장실 철거 및 신설에 따른 대대적인 설비 이동만 감수하면 됩니다.

화장실 자리에 아일랜드를 넣은 공사 후 모습

3. 다용도실에 주방 만들기

단순한 짐 보관이나 세탁 공간으로만 여겨지던 다용도실을 확장하여 완벽한 '제2의 주방'으로 바꾼 사례도 있습니다. 이 사례 역시 기존 주방의 창문을 막거나 주방에 가벽을 세우는 등의 발상의 전환이 있어야 합니다. 동시에 수도와 가스 설비를 과감하게 끌어와 가스레인지와 싱크볼 설치에 투자할 수 있다면 지금껏 경험하지 못했던 주방의 새로운 세계를 맛볼 수 있습니다.

이렇게 하면 메인 주방은 요리와 플레이팅 기능을, 보조 주방은 냄새나 연기가 많이 나는 요리와 세탁을 전담하는 효율적인 공간으로 분리해 사용할 수 있습니다.

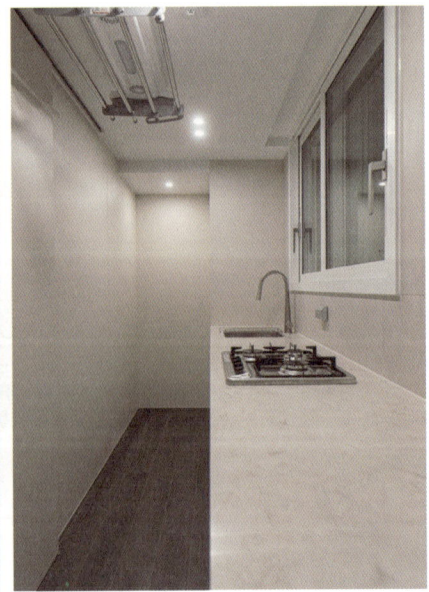

공사 전후 다용도실

메인 주방에서 다용도실 주방으로 이어지는 통로

4. 세탁실을 베란다로

구축 아파트의 다용도실은 세탁기 하나 들어가면 문도 못 열 정도로 비좁습니다. 이 거대한 기계가 알짜 공간을 차지하고 있는 한, 공간 효율은 떨어질 수밖에 없습니다. 세탁기를 과감하게 베란다 끝으로 옮기는 구조변경을 하면 고질적인 문제로부터 해방될 수 있습니다. 이것은 단순히 세탁기를 옮기는 일이 아닙니다. 이 공사를 거치면 기존에 세탁기로 좁았던 다용도실이 팬트리나 보조 주방으로 쓰임새 있게 변모합니다.

안방 화장실에서 베란다로 이어지는
배관 이설 공사

베란다로 보낸 세탁실

5. 1개의 욕실 2개로

30평대 아파트인데도 욕실이 하나인 경우가 있습니다. 4인 가족이 살기엔 불편해 아침마다 전쟁을 치릅니다. 2개의 욕실을 하나로 합치는 건 누구나 할 수 있습니다. 하지만 1개의 욕실을 2개로 만드는 건 기술이 필요합니다.

안방의 넓은 파우더룸 공간이나 인접한 자투리 공간에 배관을 신설해 '제 2의 욕실'을 만듭니다. 바닥을 높여 오수관의 구배를 확보하고, 완벽한 방수층을 새로 만드는 고난도 기술이 필요합니다. "화장실이 하나라 이사 가고 싶다"던 집이 호텔 같은 욕실이 두 개나 있는 집으로 바뀝니다.

화장실 1개였던 도면

화장실이 2개로 나뉜 도면

공사 전 1개였던 욕실   욕실 철거

공사 후 2개의 욕실

6. 현관 벽을 허물어 팬트리로

평수 대비 턱없이 좁은 현관들이 있습니다. 이것을 해결하는 방법은 현관 옆 비내력벽을 찾아 과감히 철거하거나 인접한 방의 일부를 현관으로 편입시키면 해결됩니다. 전제조건은 방 하나를 없애도 생활에 문제가 없어야 합니다. 확보된 공간에 일반적인 신발장 대신 사람이 들어갈 수 있는 시스템 팬트리를 조성하여 수납 효율을 극대화합니다.

벽을 허물어 생긴 깊이 덕분에 앉아서 편하게 신발을 신을 수 있는 벤치와 같은 여유 공간까지 만들 수 있습니다. 좁은 현관 때문에 수납 스트레스를 받거나 노약자가 있는 가정에 참고할 만한 레이아웃 사례입니다.

공사 전 현관   공사 3D 도면

현관을 늘린 뒤 현관 입구방을 드레스룸으로 만든 방

2장

선의
법칙

같은 평수의 아파트인데 모델하우스나 하이엔드 현장은 유난히 넓고 정돈되어 보입니다. 비밀은 '선(Line)'에 있습니다.

기존 아파트는 천장 몰딩, 우물천장, 걸레받이, 두꺼운 문틀, 서라운딩 등 수많은 선들이 공간을 나누어버립니다. 이 불필요한 선들을 지워 시각적 소음을 제거하는 과정, 그것이 고급스러운 인테리어의 핵심인 '라인 정리'입니다.

1. 몰딩 없애기

구축 아파트 천장에는 으레 '갈매기 몰딩'이라 불리는 두껍고 투박한 몰딩이 붙어 있습니다. 이는 벽과 천장의 거친 마감을 감추기 위해 생겨났습니다. 하지만 이 두꺼운 선은 천장을 낮아 보이게 하고 공간을 답답하게 누릅니다.

해결책은 '무몰딩'입니다. 천장이나 바닥의 돌출된 몰딩을 모두 없애는 시공입니다. 선과 면을 군더더기 없이 깔끔하게 정리하여 시각적으로 공간이 훨씬 넓고 세련되어 보이는 효과가 있습니다. 이런 선 하나를 지우는 것만으로 집의 층고는 10cm 이상 높아 보입니다.

여기에 요즘 필수 가전인 시스템 에어컨을 설치하려면 배관 공간 확보를 위해 천장이 17cm가 안 나올 경우 천장 일부를 낮추는 단내림 시공을 해야 합니다. 천장이 낮아질까 걱정할 수 있지만, 단내림 박스의 라인을 창가 라인과 수평을 맞추고, 그 틈새에 간접 조명을 심어 은은한 커튼박스로 연출하면 에어컨 박스가 오히려 거실의 분위기를 만드는 디자인 포인트가 됩니다.

천장과 걸레받이 몰딩을 모두 없앤 방

2. 슬림 문선 또는 무문선

최근 인테리어의 화두는 단연 '히든도어'입니다. 문틀(문선)을 없애고 벽과 문을 평평하게 맞춰 문이 벽의 일부처럼 보이게 하는 기술입니다. 하지만 벽체 전체를 새로 짜야 하고 필름 또는 도장 작업이 추가되어 비용이 상당히 높습니다. 그래서 가장 효율적인 대안으로 제시되는 것이 9mm 문선 또는 무문선입니다. 기존의 두꺼운 문선(약 60~80mm)을 걷어내고, 문선 두께를 9mm 혹은 12mm 초슬림 라인으로 줄이는 방식입니다.

히든도어를 설치한 거실

스텝도어를 설치한 복도

3. 서라운딩 없애기

싱크대나 붙박이장을 짤 때 간과하기 쉬운 것이 '서라운딩'입니다. 서라운딩이란 가구 몸통과 천장·벽 사이의 빈틈을 메우기 위해 두르는 두꺼운 테두리 마감재를 말합니다. 이 테두리가 두꺼우면 가구가 둔탁해 보이고 좁은 집에 덩치 큰 장롱이 들어와 있는 느낌을 줍니다.

서라운딩을 없애보세요. 천장과 가구 사이의 틈을 최소화하고, 가구 도어를 길게 제작해 몸통을 덮으면 됩니다. 이렇게 시공하면 가구가 아니라 마치 벽처럼 보입니다. 냉장고장의 라인, 붙박이장의 라인을 벽과 일치시키는 것. 이 1mm의 정렬이 공간의 품격을 결정합니다.

서라운딩 없앤 주방 상부장

4. TV 매립하기

거실의 선을 망치는 가장 큰 주범은 벽에서 툭 튀어나온 TV와 주렁주렁 매달린 전선들입니다. 이를 해결하기 위해 TV를 벽 안으로 밀어 넣는 시공을 하면 됩니다.

하지만 여기엔 숨겨진 대가가 따릅니다. 단단한 콘크리트 벽을 파낼 수는 없기에, TV 두께만큼 가벽(목공벽)을 새로 세워야 합니다. 이 과정에서 거실 폭이 약 12~15cm 줄어듭니다. 거실이 좁아진다고 걱정하지만, 툭 튀어나온 TV 덩어리가 사라지고 벽과 TV 화면이 하나의 면으로 매끈하게 정리될 때, 우리 눈이 느끼는 개방감은 줄어든 물리적 폭을 훨씬 넘어섭니다.

TV를 매립한 거실 벽과 매립 전 TV 자리

5. 터닝도어 가리기

거실 확장부에서 베란다로 나가는 문에 반드시 설치하는 터닝도어. 밀폐력이 뛰어난 장점에도 불구하고 투박하고 못생겼다는 단점이 있습니다. 그때 터닝도어 앞쪽으로 가구문(붙박이장문)과 똑같이 생긴 도어를 하나 더 달면 벽처럼 보이게 됩니다. 일명 히든도어. 단열과 디자인 모두를 잡을 수 있습니다.

터닝도어 앞에 설치한 가구도어와 도어를 열었을 때 보이는 베란다

MEMO

3장

빛의
법칙

최고급 자재로 마감했는데, 정작 입주해서 불을 켰을 때 "어? 뭔가 촌스러운데?" 싶은 집이 있습니다. 십중팔구 '조명' 실패입니다. 천장 중앙에 돌출된 형광등(방등)은 시선을 분산시켜 천장의 입체감을 사라지게 하고 공간을 좁아 보이게 합니다.

조명은 집의 표정을 결정하는 소재입니다. 빛을 한곳에서 쏟아붓는 직부등을 떼어내고 간접등을 설치해 보세요. 공간 구석구석으로 분산시켜 호텔과 같은 무드를 만들어줍니다.

1. 빛은 쏘는 것이 아니라 스며드는 것

"거실 메인등이 없으면 어둡지 않을까요?"

많은 고객들이 걱정하지만, 정답은 "더 밝고 더 아늑하다"입니다. 큰 등 하

안방 입구 콘솔 아래 간접등

간접등을 넣은 우물천장

나 대신 손바닥보다 작은 '2~3인치 다운라이트(매입등)'를 여러 개 분산 배치하면 그림자 지는 곳 없이 빛이 고르게 퍼집니다.

눈으로 직접 들어오는 빛은 피로합니다. 고급스러운 빛은 벽이나 천장에 반사되어 은은하게 퍼지는 '간접 조명'입니다. 우물천장, 커튼박스, 주방과 욕실의 상부장, 복도의 콘솔 아래에서 퍼져나오는 빛들은 공간의 경계를 허물고 집을 실제보다 훨씬 넓고 깊이 있게 보여 줍니다.

라인 조명, 마그네틱 조명, 다운라이트 조명, 팬던트 조명으로 밝힌 현관과 거실

2. 색의 온도, 4000K와 3000K의 조화

조명의 색깔에도 온도가 있습니다. 우리가 흔히 쓰는 하얀 형광등색(주광색, 6500K)은 사무실이나 학교에 어울리는 '각성의 빛'입니다. 집은 휴식의 공간이어야 하기에 과감히 퇴출해야 합니다. 완벽한 조명 레시피는 다음과 같습니다.

메인 조명: 주백색(4000K)

아이보리빛이 감도는 따뜻한 하얀색입니다. 너무 노랗지 않으면서도 아늑해져 거실과 주방의 기본 조도로 사용합니다.

포인트 조명: 전구색(3000K)

촛불처럼 붉은기 도는 노란색입니다. 침실 헤드나 식탁 펜던트, 간접 조명에 사용하여 감성적인 무드를 더합니다.

위부터 주광색, 주백색, 전구색

3. 스위치의 마법, 회로 분리

조명 인테리어의 완성은 스위치 쪼개기(회로 분리)에 있습니다. 거실 불을 켤 때 모든 불이 한 번에 켜질 필요는 없습니다. 상황에 맞춰 빛을 선택할 수 있어야 합니다. 스위치마다 역할을 부여해 보세요. 가령,

1번 스위치(청소/손님 모드)

천장 다운라이트 전체 점등. 환하고 깨끗한 조도

2번 스위치(휴식/영화 모드)

우물천장 간접등과 커튼박스 조명만 점등. 눈이 부시지 않은 은은한 조도

3번 스위치(포인트 모드)

식탁등이나 아트월 편조명만 점등. 와인 한잔하기 좋은 감성 조도

여기에 '융(JUNG)'이나 '르그랑(Legrand)' 같은 유럽형 고급 스위치를 더하면, 손끝에 닿는 딸깍거리는 소리조차 재미를 주는 요소가 됩니다.

융·르그랑 스위치

4부

사례로 보는 현장

사례 1_ 2Bay 구축 아파트의 환골탈태

사례 2_ 40평을 70평처럼! 1인 가구 '쇼룸' 하우스

사례 3_ 노후빌라의 대반전! 포기하지 않은 청년의 꿈

사례 4_ 4인 4색 가족이 만족하는 구조변경의 마술

사례 5_ 안전에 감성을 더한 효도 리모델링

2Bay 구축 아파트의 환골탈태

기본정보
- **의뢰 건축물**: 서울시 광진구 현대프라임
- **면적**: 32평대
- **건물 특징**: 2Bay 구조의 27년 된 구축 아파트. 한강뷰 조망, 라운드 형태의 창호
- **공사범위**: 전체 리모델링
- **공사기간**: 2개월

공사 전 도면

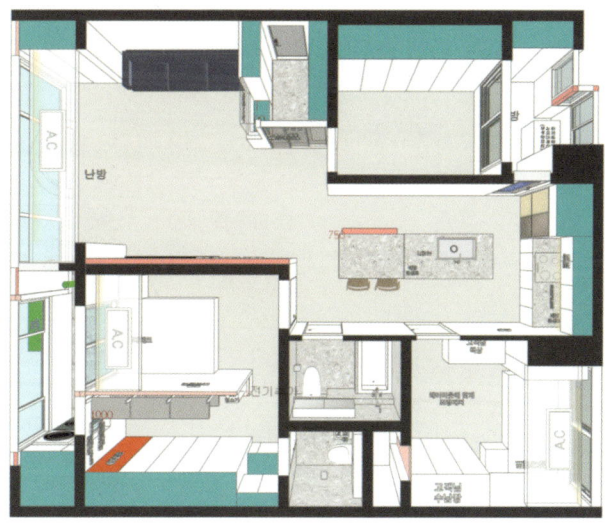

공사 후 도면

고객 니즈

• 답답한 주방 구조 개선 및 대면형 아일랜드 설치

• 안방 공간 분리(침실과 드레스룸)

• 부족한 수납 해결

총 공사비용

9,400만 원(부가세 포함)

한강뷰를 요리하다!

서울 광진구의 27년 된 낡은 아파트. 세월의 흔적이 가득했지만, 창밖으로 흐르는 한강뷰만큼은 포기할 수 없는 보물이었습니다. 고객님은 이 낡은 공간이 품은 가능성을 믿고 투자를 결심했습니다. 가장 큰 고민은 꽉 막힌 주방과 부족한 수납이었습니다.

답답했던 'ㄱ'자 주방을 과감히 허물고, 거실을 향해 뻗은 세로형 아일랜드를 배치했습니다. 이제 벽을 보고 요리하는 것이 아니라, 탁 트인 한강을 바라보며 가족과 눈을 맞출 수 있게 되었습니다. 9,400만 원이라는 적지 않은 비용이 들었지만 매일 아침 마주하는 한강의 정취와 호텔 부럽지 않은 주방은 그 이상의 가치를 선사합니다.

Before

답답했던 ㄱ자 주방과 철거 모습

리모델링 주안점

'강약 조절'을 통한 가성비와 고급스러움의 조화. 기존 좁은 30평대 2Bay 주방에 가로가 아닌 '세로형 아일랜드'를 배치하여, 거실까지 시선이 이어지는 확장감을 주고, 요리 동선(싱크-쿡탑-냉장고)을 최적화하였습니다.

After

세로형 아일랜드로 바꿔 시원한 동선 완성

벤치로 편의를 높이고 유리 가벽으로 개방감을 준 현관

"수납은 많았으면 좋겠고, 안방은 아늑했으면 해요"

공간을 1cm도 허투루 쓰지 않겠다는 고집으로 안방 한가운데 과감하게 가벽을 세웠습니다. 잠자는 공간은 더욱 아늑해졌고, 벽 뒤로는 감쪽같이 드레스룸과 파우더룸이 생겨났습니다. 창문을 쪼개 환기까지 신경 쓴 디테일은 덤입니다.

현관 역시 마찬가지입니다. 단순히 신발장만 늘린 것이 아니라, 아이와 어르신이 편하게 앉아서 신발을 신을 수 있는 벤치를 만들고 유리를 통해 개방감까지 확보했습니다. 공용부는 무몰딩으로 간결하게, 주방 상판은 고급 세라믹으로 확실하게 힘을 줘 강약 조절을 했습니다. 오래된 아파트도 주인의 삶에 맞춰 얼마나 스마트하게 변할 수 있는지를 보여준 사례입니다.

안방 가벽

드레스룸에 화장대를 넣고 방마다 붙박이장으로 충분한 수납 확보

40평을 70평처럼!
1인 가구 '쇼룸' 하우스

기본정보
- **의뢰 건축물**: 서울시 중구 브라운스톤
- **면적**: 40평대
- **의뢰인 특징**: 1인 가구. 침실보다는 공용부(거실/주방)에서의 생활 비중이 높음
- **건물 특징**: 주상복합 아파트
- **공사범위**: 전체 리모델링
- **공사기간**: 2개월

공사 전 도면

공사 후 도면

고객 니즈

- 혼자 쓰기에 너무 크고 비효율적인 안방(마스터룸) 축소
- 드레스룸을 없애고 안방 화장실 축소하여 공용부(거실 및 주방)의 극대화
- 요리와 홈파티를 즐기며 집이 단순한 거주 공간을 넘어 '쇼룸' 같은 역할을 하길 원함

총 공사비용

1억 9,000만 원(부가세 포함)

"혼자 사는데 안방이 운동장만할 필요가 있을까요?"

이 물음에서 모든 것이 시작되었습니다. 보통 사람들은 집을 고칠 때 나중을 생각합니다. '혹시 팔 때 손해 보진 않을까?' 고객님은 달랐습니다. 오롯이 현재의 내 행복에 집중하기로 했습니다. 그래서일까요? 리모델링 업체를 선정할 때 그 회사의 철학을 중요시했다고 합니다.

40평대 아파트의 상징과도 같았던 큰 안방을 부수고, 그 자리를 탁 트인 거실과 주방으로 채웠습니다. 1억 9천만 원이라는 큰 비용은 남들의 시선보다 '자신의 라이프스타일'에 집을 맞추었기 때문입니다. 공사 후, 현관을 들어서는 순간 펼쳐지는 14미터 길이의 라인 조명과 탁 트인 공간은 말합니다. '이 집은 세상의 기준이 아닌, 오직 나만을 위해 존재하는 가장 완벽한 안식처'라고.

반으로 줄여 아늑하게 만든 침실

리모델링 주안점

'40평을 70평처럼' 보이게 하는 과감한 레이아웃 변경이 핵심입니다. 주상 복합 특유의 철거 가능한 벽체를 활용해 불필요한 공간을 없애고 이를 거실과 주방으로 편입시켰습니다. 5.2m 대면형 아일랜드를 제작하고, 문선과 몰딩을 없애 벽체와 문이 하나로 느껴지는 히든도어를 적용해 시각적 끊김을 없앴습니다.

Before & After

철거 불가능한 기둥을 5.2m 아일랜드와 일체화해 가구 라인 정돈

견고한 타일의 물성, 고객의 취향을 담은 프라이빗 공간

요리하는 남자의 로망이 현실이 되다

요리를 사랑하고 사람 초대를 즐기는 고객님에게 주방은 단순한 '밥 짓는 곳'이 아니었습니다. 하지만 5m가 넘는 아일랜드 식탁을 놓는다는 건 누구에게나 두려운 도전이었습니다.

"사장님, 너무 크지 않을까요? 기둥이 흉물스러우면 어쩌죠?"

공사 직전까지도 고객님은 걱정으로 밤잠을 설쳤습니다. 우리는 확신했습니다. 기둥 때문에 어쩔 수 없이 생기는 공간의 제약을 오히려 디자인 포인트로 바꾸기로 했습니다. 세라믹 아일랜드가 자리를 잡던 날, 그토록 걱정했던 기둥은 식탁을 감싸주는 아늑한 울타리가 되었고, 너무 클까 우려했던 아일랜드는 압도적인 고급스러움으로 변모했습니다.

"다들 이 아일랜드 어디서 했냐고 물어봐요."

좋아하는 고객님의 모습에서 인테리어가 단순히 집을 고치는 게 아니라 누군가의 꿈을 현실로 만들어주는 일임을 깨닫습니다.

존재감 물씬한 검은 수전과 식탁

리모델링 비용

구분	내용	금액
전체	방/욕실 축소 및 이동	1,000만 원 중후반
에어컨	시스템 에어컨 5대 신설	800만 원
타일	유럽미장 및 수입 타일(600*1200각) 시공	유럽미장: 80만 원 수입타일(자재): 150~200만 원(화장실 1칸 기준)
가구	주방 가구 고급화(블룸 하드웨어, 세라믹 상판, 5.2m 아일랜드)	
기타	철거 + 목공 + 필름 + 마그네틱	700~800만 원
기타	졸리컷 및 히든도어 디테일 적용	졸리컷 50만 원 히든도어 개당 120만 원
총 공사비		1억 9천만 원 (부가세 포함)

노후빌라의 대반전!
포기하지 않은 청년의 꿈

기본정보

- **의뢰 건축물**: 서울시 관악구 노후 빌라
- **면적**: 16평(약 53㎡)
- **의뢰인 특징**: 1인 가구
- **건물 특징**: 30년 이상 된 노후 빌라(빨간 벽돌집). 엘리베이터 없는 건물 꼭대기 층
- **공사범위**: 전체 리모델링
- **공사기간**: 6주

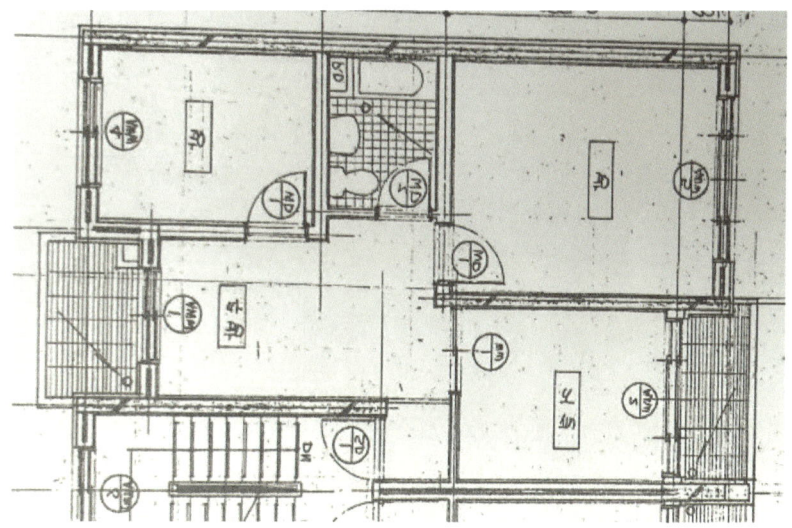

공사 전 도면

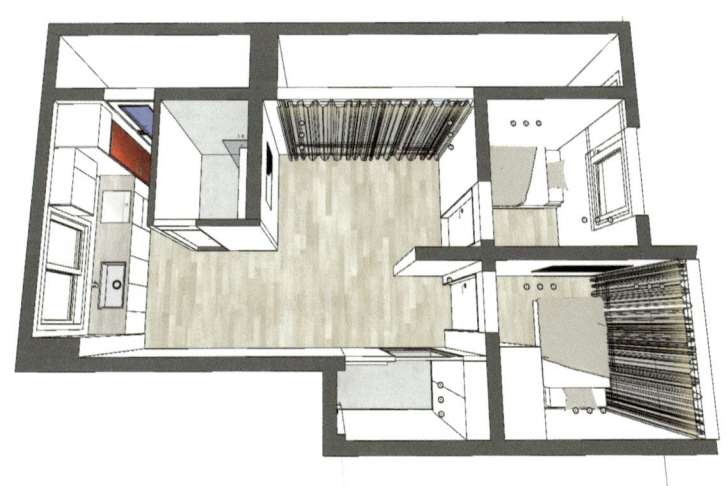

공사 후 도면

고객 니즈

- 난방 · 수도 · 구조 변경 등의 고난도 설비 작업에서 셀프 인테리어의 한 계에 부딪힘
- 단열 부재, 노후 배관 등 주거 불가능한 환경 개선

총 공사비용

약 7,000만 원(집값 5,000만 원보다 높음)

"사람이 살 수 있는 집을 만들어주세요."

남들은 쳐다보지도 않을 30년 된 낡은 빌라를 덜컥 산 20대 청년이 있습니다. 경매 낙찰가 5,000만 원. 서울 하늘 아래 비로소 내 집 마련의 꿈을 이룬 그가 그 다음으로 선택한 것은 인테리어였습니다. 그러나 셀프 인테리어는 가시밭길이었습니다. 젊은 패기 하나로 망치를 들고 벽을 부수었지만, 현실은 냉혹했습니다. 복잡하게 얽힌 배관과 무너져 내릴 듯한 천장 앞에서 그는 결국 무릎을 꿇었습니다. 10곳이 넘는 인테리어 업체들이 현장을 보고 혀를 내두르며 도망쳤을 때, 그의 꿈도 폐기물 더미 속에 묻히는 듯했습니다.

하지만 포기하지 않고 두드린 끝에 우리와 연이 닿았습니다.

"돈이 중요한 게 아닙니다. 사람이 살 수 있는 집을 만들어주세요."

고객의 간절함은 통했고, 그 폐허를 다시 일으켜 세우기로 했습니다.

좁았던 베란다를 확장해 채광과 조망 동시 개선

리모델링 주안점

 기존의 비효율적인 방, 화장실, 주방 위치를 완전히 뒤바꾸는 대대적인 구조변경을 하였습니다. 30년 된 건물의 취약점인 배관, 전기, 단열 등 보이지 않는 기초 설비 공사에 집중하였고, 옥상에서부터 에어컨 배관을 새로 내리고, 전봇대에서 전기를 직접 끌어와 분전함을 신설하는 등 일반 인테리어 범위를 넘어서는 무에서 유를 창조한 설비 작업을 하였습니다.

Before & After

공사 전 현관

화장실 자리에 신발장과 중문을 설치하여 널찍한 현관과 진입로 확보

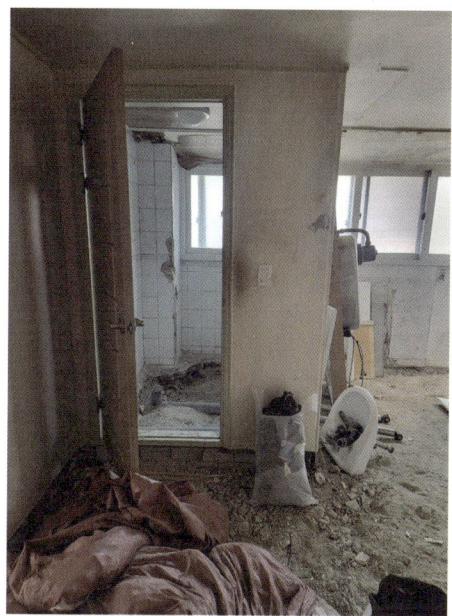

기존 주방 자리를 방으로 변경. 가장 큰 방 하나를 쪼개서 주방(P.192)과 화장실로 구성

모두가 버린 집, 청년의 꿈을 이루다

신림동 언덕 위, 엘리베이터도 없는 빌라 꼭대기 층. 문을 열면 주방인지 화장실인지 분간조차 할 수 없는 구조의 집. 천장은 얇은 합판 쪼가리로 위태롭게 버티고 있었고, 난방 배관은 기능을 상실한 지 오래였습니다. 업자들은 "이건 공사가 아니라 재건축 수준"이라며 손사래를 쳤습니다.

그러나 우리는 겉모습이 아닌 가능성을 보았습니다. 방을 쪼개 화장실과 주방의 위치를 과감히 맞바꾸고, 옥상에서부터 배관을 새로 끌어오는 대수술을 하였습니다. 아파트 공사보다 몇 배는 더 힘든 난이도, 예측할 수 없는 변수들과의 싸움이었습니다. 마침내 공사가 끝난 날, 그곳은 더 이상 낡은 빌라가 아니었습니다. 최신 트렌드의 마감재와 효율적인 동선이 살아 숨 쉬는 완벽한 주거 공간. 5천만 원짜리 집에 7천만 원을 들여 고쳤다는 사실은 중요하지 않습니다. 그곳은 이제 누군가의 인생 2막을 여는 가장 빛나는 무대가 되었으니까요.

하이엔드 디테일을 노후 빌라에 그대로 적용

리모델링 비용

구분	내용	금액
창호	LG 창호	
주방	LX 오로라 상판	
도기	아메리칸 스탠다드 도기	
기타	방문 손잡이	개당 약 6만 원 상당의 고가 제품 사용
총 공사비	집 낙찰가(5,000만 원) 상회	약 7,000만 원 (부가세 포함)

4인 4색 가족이 만족하는
구조변경의 마술

기본정보

- **의뢰 건축물:** 서울시 강남구 미성아파트
- **면적:** 49평형
- **건물 특징:** 40년된 구축아파트
- **공사범위:** 전체 리모델링
- **공사기간:** 3개월

공사 전 도면

공사 후 도면

고객 니즈

- 현관에서 집 전체가 바로 보이지 않도록 시선 차단
- 3명이 동시에 사용 가능한 기능적인 공용 욕실
- 방은 3개지만 4인 가족이 각자의 공간을 갖길 원함
- 안방에 요가 공간 및 유리블록 포인트 적용
- 남편만을 위한 독립적인 휴식 공간 요청

총 공사비용

2억 원 이상

"아빠의 비밀 방이 필요해요"

집은 가족이 함께하는 곳이지만, 동시에 지극히 개인적인 안식처여야 합니다. 이번 현장은 4인 가족 구성원 모두의 니즈를 섬세하게 조율하는 과정이었습니다. 손님이 많은 집 특성을 고려해 3명이 동시에 쓸 수 있는 기능적인 욕실을 만들었고, 요가를 즐기는 아내를 위해 안방에는 전신 거울 벽과 은은한 유리블록 채광을 선물했습니다.

가장 흥미로운 공간은 '아빠의 비밀 방'입니다. 방 개수가 부족한 상황에서 큰 방 하나를 과감히 둘로 나누어, 자녀와 남편만을 위한 비밀스러운 휴식처를 마련했습니다. 벽 하나를 사이에 두고 연결된 이중문 구조는 가족 간의 유대와 개인의 프라이버시를 동시에 지켜줍니다.

가벽 분리로 완성한 남편 전용 공간

리모델링 주안점

가족 개인의 프라이버시 보호에 집중했습니다.

Before & After

거실에 화장실이 돌출돼 사생활과 동선이 불편했던 구조

거실 욕실을 철거하고 대면형 주방으로 확장

"아파트니까 구조는 어쩔 수 없지 않나요?"

고객의 물음표를 느낌표로 바꾸는 것, 그것이 이번 프로젝트의 핵심이었습니다. 우리는 이곳을 단순히 고치는 것이 아니라 '새로 짓기'로 했습니다. 가장 큰 파격은 바로 '물'의 이동이었습니다. 좁은 주방을 넓히기 위해 멀쩡한 방 하나를 허물어 호텔식 대형 욕실로 만들고, 기존 화장실 자리는 근사한 대면형 주방으로 탈바꿈시켰습니다. 단순히 예쁘게 만드는 것을 넘어, 3개월간 바닥 난방부터 배관까지 집의 혈관을 모두 교체하는 대수술이었습니다.

"이건 마술 같아요." 완공 후 고객님의 감탄사는 2억 원이 넘는 비용과 노력이 헛되지 않았음을 증명했습니다. 4인 가족의 라이프스타일을 위해 방을 나누고 동선을 비트는 치열한 고민 끝에 탄생한 이 집은 이제 단순한 주거 공간을 넘어 가족의 꿈을 담은 작품이 되었습니다.

수납까지 해결한 보조주방

3명이 동시에 사용 가능하게 구성한 화장실

유리블록과 곡선 가벽

안전에 감성을 더한
효도 리모델링

기본정보

- **의뢰 건축물**: 서울시 중랑구 상봉듀오트리스
- **면적**: 44평형
- **건물 특징**: 주상복합 구조로 일반 아파트와 달리 내부 벽체 철거가 비교적 자유로워 과감한 구조변
  경 가능
- **공사범위**: 전체 리모델링
- **공사기간**: 7주

공사 전 도면

공사 후 도면

고객 니즈

- 거동이 불편한 어머니를 위해 두 아들이 선물한 효도 리모델링
- 안전바 설치와 충격 흡수 바닥재 등 기능적 요소를 갖춘 집

총 공사비용

1억 6,000만 원(부가세 포함)

"어머니가 집에서도 걷는 걸 힘겨워하세요"

건장한 두 아드님이 찾아와 건넨 의뢰의 핵심은 '멋'이 아니라 '안전'이었습니다. 다리가 불편하신 어머님을 위해 넘어져도 무릎 충격이 덜한 두꺼운 5mm 장판을 깔고, 현관부터 안방, 욕실까지 튼튼한 안전바를 설치했습니다. 자칫 병원처럼 보일까 걱정했지만 우드 톤의 '젠 스타일'을 입히니 안전바조차 하나의 근사한 디자인 오브제가 되었습니다.

특히 감동적인 건 복도였습니다. 밤중에 물이라도 드시러 나오실 때 어두우면 위험할까봐 발목 높이에 센서등을 달았습니다. 어머님이 걸음을 떼실 때마다 불이 켜지며 복도를 밝혀줍니다. 거실 화장실 벽을 허물어 만든 시원한 대면형 주방과 안전한 공간에서 이제 어머님은 편안한 노후를 보내실 겁니다. 집은 사람을 향해야 한다는 걸 다시금 깨달은 현장이었습니다.

수납 가능한 평상을 제작하여 휴식을 취할 수 있게 만든 창가 공간

리모델링 주안점

'거실 욕실을 줄여 주방을 넓힌다'는 역발상으로, 냉장고 장과 대형 아일랜드를 동시에 확보하며 공간 효율을 극대화했습니다. 또한, 식탁 높이를 일반적인 아일랜드 높이(870~920mm)가 아닌 일반 식탁 높이(730~750mm)로 낮춰 제작하였습니다.

공간의 배려: 당신의 무릎을 위하여

나이가 들면 집안의 문턱 하나, 높은 의자 하나가 거대한 산처럼 느껴질 때가 있습니다. 보통 멋을 위해 높게 만드는 아일랜드 식탁의 단을 과감히 낮췄습니다. 젊은 사람에겐 힙한 '바 스툴'이 어르신께는 낙상의 위험이 있는 불안한 의자이기 때문입니다. 이제 어머님은 발을 편안히 바닥에 대고 식사를 하십니다.

욕실 또한 혁신이었습니다. 서서 샤워하는 것조차 힘겨운 어머님을 위해 조적 벽돌을 쌓아 튼튼한 '샤워 벤치'를 만들었습니다. 목욕탕 의자가 필요 없이 따뜻한 타일 의자에 앉아 안전하게 씻으실 수 있습니다.

창가에는 햇살을 받으며 차 한 잔 드실 수 있는 평상도 놓아드렸습니다. "집이 너무 편안해졌다"며 웃으실 어머님의 얼굴이 그려집니다.

앉아서 샤워 가능한 조적 벤치와 안전바를 적용한 욕조와 양변기

MEMO

6평 사무실에서 135억 매출까지,
'안 되는 것'을 '되게 하는' 힘

"대표님, 올해 예상 매출이 150억이 넘을 것 같습니다."

가끔 숫자가 비현실적으로 느껴질 때가 있습니다. 불과 5년 전이었습니다. 보증금도 빠듯해 구한 6평짜리 작은 사무실. 하지만 지금 18명이 넘는 직원들과 함께 연매출 135억 원(2025년 기준)을 달성한 기업, '이상범인테리어'의 대표로 서 있습니다.

건설 경기가 최악이라던 해에도 우리는 매년 2배씩 성장했습니다. 사람들은 묻습니다. 도대체 비결이 뭐냐고. 특별한 경영 수업을 받았느냐고. 그럴 때마다 웃으며 대답합니다. 가난이 가르쳐준 '결핍'과 몸으로 배운 '기능인의 근성'뿐이라고요.

가난해서 꿈조차 꿀 수 없었던 소년

저는 서울 청량리에서 태어난 서울 토박이입니다. 많은 분들이 저를 보고

'서울 사람'이 아닌 것 같다고 합니다. 구수한 시골 청년 같은 외모 덕분일지도 모르겠습니다. 저의 유년 시절은 남들보다 좀 더 배가 고팠습니다. 학교에서 나눠주는 급식 식권이 가난한 아이들에게만 주는 것이라는 사실을 친구들을 통해 알았을 때, 비로소 우리 집이 어렵다는 것을 깨달았습니다. 요리사가 되고 싶었지만 요리 학교에 갈 돈이 없어 포기했습니다. 대신 학비와 급식비가 공짜라는 이유 하나만으로 '공업고등학교 기능반'을 택했습니다. 그 선택이 제 인생을 송두리째 바꿔 놓을 줄은 그때는 몰랐습니다. 밤 10시, 12시까지 이어지는 고된 훈련 속에서 저는 처음으로 '목표'라는 것을 가졌습니다.

손가락 끝이 잘리는 부상을 입고도 멈추지 않았습니다. 저에게 기능이란 단순한 기술이 아니었습니다. 일반인들이 "이건 안 돼"라고 포기할 때, 어떻게든 되게 만드는 것. 없는 길을 만들어내는 것. 그것이 제가 배운 '기능인의 정신'이었습니다. 그렇게 0.1mm의 오차와 싸우며 지방기능경기대회 1등, 전국기능경기대회 금메달을 목에 걸었습니다. 그때 배웠습니다. 포기하지 않고 끝까지 매달리면 흙수저 소년도 세상의 인정을 받을 수 있다는 것을요.

0.1mm의 승부, 나는 뼛속까지 기능인이다

욕심이 있었습니다. 기능을 익혀 목재를 다룰 줄 알게 되었지만, 그것만으로는 부족했습니다. 남들이 가지 않는 길을 갔습니다. 미대에 진학해 디자인을 전공했습니다. 졸업 후엔 2천만 원의 학자금 빚을 갚기 위해 영업직을 택했습니다. LX하우시스(구 LG하우시스)에서 10년 넘게 창호와 자재를 팔았습니다. 처음에는 영업하러 들어갈 용기가 없어 가게 문앞에서 2시간을 서성이다 돌아오기도 했습니다. 하지만 저에게는 기능인 시절 체득한 '꾸준함'이라는 무기가 있었습니다. 사장님이 아침에 안 계시면 점심에, 점심에 안 계시면 저녁에, 그것도 안 되면 새벽에 찾아갔습니다. 그렇게 10년 넘게 영업왕 자리를 지켰고 억대 연봉을 받았습니다.

　가난이 나무의 숨결을 아는 '기술자'를 만들었고, 절실함과 꾸준함이 공간의 미학을 아는 '디자이너', 고객의 마음을 읽는 '영업왕'으로 키웠습니다. 이 상범인테리어가 고속 성장할 수 있었던 것은 집을 짓는 뼈대(기술)부터, 겉을 입히는 자재, 그리고 그 안에 사는 사람의 마음(디자인)을 알기 때문입니다.

　이 책〈인테리어, 호구 안 당하는 체크리스트〉는 단순히 집을 고치는 기술서가 아닙니다. 제 인생을 갈아넣어 얻은 노하우이자 집이라는 공간을 통해 삶을 바꾸고 싶은 분들에게 바치는 저의 진심입니다.

　지금 이 순간에도 좁은 방에서, 혹은 막막한 현실 앞에서 좌절하고 있는 청춘들이 있다면 꼭 말해주고 싶습니다. 가난은 잠깐입니다. 어려움은 지나갑니다. 호주에서 화장실 청소를 하고, 자이툰 부대에서 사막의 모래바람을 맞고, 영업 실적을 위해 새벽까지 뛰었던 저 같은 사람도 해냈습니다. 안 되는 건 없습니다. 포기하지 않고 끝까지 버티는 끈기만 있다면 당신의 인생도, 당신이 사는 집도, 가장 아름답게 다시 지어질 수 있습니다.

　세상의 모든 '호린이'들과 내일의 성공을 꿈꾸는 당신을 응원하며.

부록

인테리어 실전 용어

인테리어, 호구 안 당하는 단계별 체크리스트

인테리어 실전 용어

1. 견적서 & 숫자

용어	뜻	설명
평	3.3㎡(약1.8m x 1.8m)	아파트 면적을 말할 때 쓰는 기본 단위
헤베	1㎡(1m x 1m)	타일, 마루, 도배, 필름 등 '면적'을 계산할 때 쓰는 단위
루베	1㎥(세제곱미터)	부피 단위. 주로 레미콘 양이나 폐기물 양을 계산할 때 씀
식	1세트(통합 견적)	자잘하게 나누기 애매하여 '한 묶음'으로 통쳐서 계산한 가격
품	사람 1명의 하루 일당	기술자 한 명이 하루 동안 일하는 노동력의 단위
자	30cm	주로 붙박이장이나 싱크대 길이를 잴 때 사용
연	창호 폭 단위(약30cm)	창문의 폭을 말할 때 쓰임. 샤시 견적 낼 때 사용

2. 시공 & 현장 은어

용어	뜻	설명
~을 치다	설치하다, 시공하다, 만들다	가장 많이 쓰는 만능 동사
털다	철거하다, 없애다	벽이나 구조물을 부숴서 없애는 것
단차	높이 차이	바닥이나 벽면의 높낮이가 다른 것. 마루와 타일 사이 경계 등에서 중요
구배	기울기(물매)	욕실이나 베란다에서 물이 하수구로 잘 빠지게 바닥을 기울이는 것
양중	자재 운반	타일, 목재 등 무거운 자재를 1층에서 집 안까지 올리는 작업 (별도 비용 청구됨)
곰방	등짐 운반	엘리베이터 없는 건물에서 사람이 직접 자재를 지고 계단으로 나르는 것(비쌈)
덧방	덧붙임 시공	기존 자재(타일 등)를 철거하지 않고 그 위에 새 자재를 붙이는 것. 비용 절감

미장	시멘트를 평평하게 바르는 작업	바닥이나 벽을 고르게 만들 때 씀
양생	말리는 작업	시멘트나 타일 접착제 등이 굳을 때까지 말리는 과정

3. 구조 & 마감 디테일(디자인의 핵심)

용어	뜻	설명
젠다이	조적 선반	욕실 세면대나 변기 뒤쪽에 벽돌을 쌓아 만든 튀어나온 선반. 수납에 필수
졸리컷	면치기(45도 커팅)	타일 모서리가 만나는 부분을 45도로 깎아 맞물리게 하는 고급 마감. 코너비드(플라스틱) 없음
걸레받이	벽 최하단 몰딩	벽과 바닥이 만나는 모서리를 보호하는 마감재. 청소기 부딪힘 방지
몰딩	몰딩 있음	천장과 벽이 만나는 모서리에 두르는 띠
무몰딩	몰딩 없음	천장이나 바닥의 몰딩을 없애고 벽면을 칼같이 마감하는 방식 (목공 필수, 비쌈)
가벽	공간 분리용 벽체	공간을 나누기 위해 목공으로 세운 벽. 내력벽(콘크리트)이 아니라 철거 가능
터닝도어	단열 전문 도어	베란다 확장 부위나 다용도실 등 외풍을 막아야 하는 곳에 설치하는 밀폐력 높은 문
히든도어	숨은 문	문틀(문선)을 없애고 벽과 문이 1:1로 평평하게 만나 벽처럼 보이게 하는 문
조적	벽돌을 쌓음	조적 파티션과 조적 욕조가 있음
미드웨이		상부장과 하부장 사이의 벽면

인테리어, 호구 안 당하는 단계별 체크리스트

step 1 준비 단계: 휘둘리지 않는 중심 잡기

☑ 예산의 마지노선을 정했는가?
- 일단 뜯으면 무조건 변수 발생. 예비비 10%는 필수

☑ 살릴 곳은 없나?(예산 줄일 방법 찾기)
- 상태 좋은 신발장, 붙박이장 등은 '인테리어 필름'만 입혀도 새것

☑ 나만의 레퍼런스 이미지 20장 이상 수집
- 말로 설명하기보다 공간별로 원하는 이미지를 모아 제시하는 게 정확

☑ 관리사무소 공사 규정 확인
- 공사 가능 기간, 엘리베이터 사용료(보양비), 확장 시 행위허가 필요 여부 미리 파악

☑ 업체를 만나기 전 단위세대평면도 준비
- 구체적 자료가 정확한 견적 산출

step 2 업체 선정: 옥석 가리기

☑ 실내건축공사업 면허 확인
- 키스콘(KISCON) 조회 필수. 무면허 업체는 사고 시 법적 보호가 어려움

☑ 사무실 방문
- 실재하는 곳인지, 자재 샘플실은 있는지

☑ '자재 스펙'은 상세 견적서로 받기
- 욕실 300만 원(X) → 타일: 00브랜드 600각 00모델(O). 자재명이 정확한지 확인

- ☑ '안 되는 것'을 말해주는지 확인
  - 무조건 '다 된다'는 곳 피하기. 한계를 솔직히 말해주는 업체가 진짜 전문가
- ☑ 자료 준비
  - 상담 설문조사 작성

step 3 계약 단계: 법적 안전장치 걸기

- ☑ 자재 스펙이 계약서에 정확히 기재되어 있나?
  - 벽지(합지, 실크), 마루(강마루, 원목), 샤시(유리 두께 24mm, 26mm) 등 등급 계약서 별지 첨부
- ☑ 공정별 상세일정표 첨부
  - 철거, 목공, 타일 등 날짜가 적힌 표 요구. 지연 시 배상 조항 확인
- ☑ 대금 지급 조건은 안전하게
  - 계약금 10%, 중도금(공정별 분할), 잔금 10~20% (착수금 50%라는 곳은 패스~!)
- ☑ 추가금 방지 & A/S 특약
  - '소비자 동의 없는 추가 시공 비용 청구 불가', '하자이행보증증권 발행' 문구가 적혀 있는지 확인
- ☑ 별도 항목이 총액에 포함되었는가
  - 폐기물, 양중비, 식대 등이 나중에 더해지는 불상사 예방

step 4 디자인 미팅: 머릿속 시각화하기

- ☑ 고객 정보 리스트 정확히 작성했는지 확인
  - 보유 가전/가구 실측 정보를 정확히 기재
  - 구매 예정인 가전/가구 '모델명' 전달

- ☑ 콘센트/스위치 위치 도면에 표기
  - 침대 헤드, 식탁 위, 소파 옆 등 가전을 쓸 위치 표시
- ☑ 3D 렌더링(시안) 요청해서 확인
  - 평면도만으로는 공간감을 알 수 없음

step 5 공사 단계: 현명한 감시자 되기

- ☑ 엘리베이터와 복도 바닥 보양 상태 확인
  - 공사 기간 보양재가 찢어지지 않고 잘 유지되었는가?
- ☑ 배수구, 분배기 등 보양 상태 확인
  - 배수구와 분배기가 잘 밀봉되어 있는가? 공사 중 시멘트나 폐기물 유입 보호
- ☑ 계약서에 명시된 자재인가?
  - 구체적으로 명시된 계약서라면 확인하기 좋음
- ☑ 단열재 틈새 '우레탄폼' 충진 사진
  - 확장 부위 아이소핑크 단열재 사이가 폼으로 꽉 채워졌는지 확인
- ☑ 인덕션 단독 전선 확인
  - 전력 소모 큰 인덕션용 전선이 분전반에서 단독으로 빠져 있는가?
- ☑ 거실, 간접등 등 스위치 분리 확인
  - 거실 메인, 간접, 복도 등 스위치 하나당 켜지는 조명이 정확히 분리되었는가?
- ☑ 목공 벽체 수직 확인
  - 벽이 휘지 않고 수직인가?(가구가 벽에 딱 붙지 않으면 휜 것)
- ☑ 목공 문선 마감 확인
  - 문선의 이음새가 벌어짐 없이 칼각인가?
- ☑ 욕실 방수& 배관 통수 테스트 영상 요청
  - 타일 덮기 전 방수 상태, 배관 연결 후 물이 잘 내려가는지 확인
- ☑ 타일 '졸리컷' & 라인 확인
  - 타일 모서리가 45도로 깔끔하게 깎였는지, 바닥과 벽의 줄눈 라인이 맞는지 체크
- ☑ 타일 두드려 보기
  - 타일 모서리를 두드렸을 때 '텅텅' 빈 소리가 나면 접착 불량. 떨어질 수 있음

- ☑ **바닥 물 빠짐 확인**
  - 바닥에 물을 부어 고임 없이 배수구로 잘 빠지는가?
- ☑ **환풍기 확인**
  - 휴지 한 장을 갖다 댔을 때 떨어지지 않고 붙어 있는가?
- ☑ **변경/추가 사항은 반드시 '기록' 남기기**
  - 현장에서 주고받는 말은 효력이 없음. 변경 사항은 문자나 카톡 등 기록으로 저장

step 6 마감 및 입주: 끝날 때까지 끝난 게 아니다

- ☑ **입주 청소 전 '사전 점검' (기능)**
  - 창문: 3번씩 열고 닫기(잠금장치 확인용)
  - 화장실: 물 뿌려보고 고임이나 배수 상태 확인
  - 싱크대·세면대·변기: 온수, 냉수가 바뀌진 않았는지 확인
- ☑ **마감재 상태 체크(미관)**
  - 도배지 들뜸, 마루 찍힘, 실리콘 마감 불량 등 눈에 띄는 하자는 포스트잇을 붙이고 사진 찍어 전송
- ☑ **신발장 깊이(300mm) 확인**
  - 구두가 문에 닿지 않고 잘 닫히는지 확인
- ☑ **서랍, 식기세척기 등 문 부딪침 확인**
  - 모든 서랍과 식기세척기, 냉장고 문을 동시에 열어도 부딪치지 않는가?
- ☑ **하자 보수 완료 확인 후 잔금 입금**
  - "입금하면 나중에 해줄게"는 믿지 말기
  - 보수가 완료된 것을 눈으로 확인하고 입금하는 것이 철칙!
- ☑ **최종 서류 및 인수인계**
  - 공사 완료 확인서, A/S 보증서, 도어락 비밀번호, 각종 기기 설명서 챙겨 받기

인테리어,
호구 안 당하는 체크리스트

초판 1쇄 펴낸날 | 2026년 3월 20일

지은이 | 이상범

펴낸이 | 정혜옥

디자인 | 김윤남

홍보마케팅 | 최문섭

편집 | 연유나, 이은정

펴낸곳 | 굿인포메이션(스쿨존, 스쿨존에듀) ∥ 출판등록 1999년 9월 1일 제 1-2411호

주소 | 04779 서울시 성동구 뚝섬로 1나길 5(헤이그라운드) 7층

전화 | 02)929-8153 **팩스** | 02)929~8164

E-mail | goodinfobooks@naver.com

ISBN 979-11-91995-20-6 03320

굿인포메이션(스쿨존, 스쿨존에듀)은 당신의 소중한 투고 원고를 기다립니다.
책 출간에 대한 기획이나 원고가 있으신 분은 이메일 goodinfobooks@naver.com으로 보내주세요.